Crônicas dos Nove Reinos

L.M. Bechert

TALENTOS DA LITERATURA BRASILEIRA | São Paulo, 2020

EDITOR: Luiz Vasconcelos
COORDENAÇÃO EDITORIAL: João Paulo Putini
PREPARAÇÃO: Simone Habel
REVISÃO: Editorando Birô
DIAGRAMAÇÃO: Estúdio DS
ILUSTRAÇÃO DE CAPA: André Só
IMPRESSÃO: MaisType

Texto de acordo com as normas do Novo Acordo Ortográfico da Língua Portuguesa (1990), em vigor desde 1º de janeiro de 2009.

Dados Internacionais de Catalogação na Publicação (CIP)

Bechert, L. M.

Crônicas dos nove reinos / L. M. Bechert. -- Barueri, SP : Novo Século Editora, 2020.

1. Ficção brasileira 2. Ficção fantástica 3. Mitologia - Ficção I. Título

20-1948 CDD 869.3

Índice para catálogo sistemático:
1. Ficção : Literatura brasileira 869.3

GRUPO NOVO SÉCULO
Alameda Araguaia, 2190 - Bloco A - 11º andar - Conjunto 1111
CEP 06455-000 - Alphaville Industrial, Barueri - SP - Brasil
Telefone: (11) 3699-7107
www.gruponovoseculo.com.br | atendimento@gruponovoseculo.com.br

Crônicas dos Nove Reinos

Em memória da minha filha Julia Bechert Fu
(16/05/1989 - 26/03/2015)

Ausência
Por muito tempo achei que a ausência é falta.
E lastimava, ignorante, a falta.
Hoje não a lastimo.
Não há falta na ausência.
A ausência é um estar em mim.
E sinto-a, branca, tão pegada, aconchegada nos meus braços,
que rio e danço e invento exclamações alegres,
porque a ausência, essa ausência assimilada,
ninguém a rouba mais de mim.

Carlos Drummond de Andrade

AGRADECIMENTOS

Agradeço a meu filho, Felipe Bechert Fu, e a meu marido, Fu Shou Hai, companheiros nos meus devaneios, meus sonhos, minhas alegrias, nas minhas horas mais loucas, escuras e nos meus piores pesadelos.

Também à minha funcionária, Maria José Soares Martins, que fazia todas as minhas tarefas para que eu pudesse escrever. Acompanha há mais de 25 anos as alegrias e desfortunas desta família.

Amo vocês. Obrigada!

APRESENTAÇÃO

Esta fascinante mitologia permeia meu imaginário desde criança, quando, incansavelmente, ouvia meus pais contá-la. Nas noites frias e longas do Sul, nosso palco era em frente ao fogão a lenha, onde ouvia, encantada, estas incríveis histórias. Quando os meus filhos eram pequenos, eu as contava para eles também. Agora, chegou a vez de contá-las para vocês e fazer sua imaginação flutuar por estas fábulas, neste mundo de fantasia.

Depois de atenta ouvinte, passei a ser uma voraz leitora destas sagas e de todas outras versões que conseguia encontrar. Percebi a influência da mitologia nórdica em várias obras de fantasia. As mais importantes são: *O Senhor dos Anéis* e quase todas as outras obras de J. R. R. Tolkien; *As Crônicas de Gelo e Fogo*, de George R. R. Martin; a ópera *O Anel do Nibelungo*, de Richard Wagner; as fábulas dos irmãos Grimm; entre outras.

Conforme algumas fontes, todas as outras mitologias ocidentais são originárias da nórdica, que remete à Idade das Migrações, cerca de 4.100 a.C. Porém as mitologias gregas e romanas são as mais famosas, porque foram mais divulgadas.

Já no século XX, o mundo despertou para outras crenças e assuntos místicos, o que motivou maiores pesquisas e descobertas arqueológicas e históricas. A mitologia nórdica veio à tona. É curioso que, apesar de ter origem na Islândia, espalhar-se pela Escandinávia e pelos Bálcãs, foi a Alemanha que mais divulgou as sagas e os costumes, que acabaram se misturando com a mitologia germânica e com nossas tradições.

As *Eddas* são as primeiras obras compiladas a respeito da mitologia nórdica. Em meados do século XIII, o historiador e poeta islandês Snorri Sturluson baseou-se em antigos manuscritos e publicou dois livros, *Edda Maior* ou *Edda em Versos* e *Edda Menor* ou *Edda em Prosa*, também conhecida como a *Edda de Saemund*. Essas obras são difíceis de entender, pois alguns manuscritos já haviam se perdido, os versos são escáldicos e a prosa é, também, meio incomum.

Fora as *Eddas*, temos apenas especulações e conclusões tiradas por historiadores que pesquisam mitologias, povos, crenças e costumes.

No advento do cristianismo, esta mitologia tornou-se uma vilã, pois suas crenças eram politeístas, portanto, pagãs. Pessoas que resistiam em suas crenças foram dizimadas. Símbolos, monumentos e construções foram quase todos varridos da face da Terra.

O norte da Europa resistiu por mais tempo ao cristianismo, pois tinha uma religião com seus próprios deuses e os costumes mais arraigados ao seu dia a dia. As festas cheias de simbolismo eram muito bonitas, o que encantou as autoridades cristãs. Estas resolveram, então, sincretizá-las ao cristianismo. Duas das mais importantes comemorações dos nórdicos são: O Festival de Yule (roda do tempo) - de 20 a 30 de dezembro, incluindo o solstício do inverno no hemisfério norte, na noite de 21 de dezembro, período em que se agradeciam os alimentos para a sobrevivência (*Thanksgiving*), festejavam a vinda do deus menino e o início de uma nova roda da vida (Ano-Novo).

O deus brilhante esperado nasceu no dia 25, seguido dos dias 21 a 24, período em que o Sol fica parado, resultando em noites mais longas. Já em 25 de dezembro, o dia passa a ser mais longo, portanto, há a volta da luz e o nascimento do deus iluminado. Esse deus prometido chamou-se Baldur (filho de Odin, o pai de todos, e Frigga, sua esposa); uma criança iluminada que trouxe paz e amor e despertaria a bondade nos seres.

Para avisar a todos do nascimento do deus brilhante, Idun colheu um pinheiro para significar a vida, pois era a única árvore que permanecia verde durante o gelo do inverno; enfeitou-o com suas maçãs da juventude; iluminou-o com estrelas do céu; e a neve, que caía, deixava flocos brancos nos galhos, completando a decoração.

Thor, com seu manto vermelho e com a barba que ficava branca de neve, sobrevoava os céus com seu trenó puxado por suas cabras e lançava presentes que os elfos faziam para as crianças. Todos estes símbolos passaram a ser usados no Natal cristão.

Outra importante comemoração é o Festival de Ostara (*Ostern*, em alemão; *Easter*, em inglês) – na primavera no hemisfério norte, festejavam o renascimento do sol (volta da luz e de Baldur) e a fecundidade da terra; era o período que tinham para a agricultura e a caça, enfim a busca dos alimentos.

Os símbolos para esta festa da fecundidade eram o coelho e os ovos. Entalhavam coelhos na madeira ou os faziam de pano e pintavam ovos. Colocavam tudo em uma cesta, como se fosse um ninho e, a fim de brincar com as crianças, escondiam-nos para que elas os procurassem. Árvores também eram enfeitadas com ovos coloridos. São os símbolos que passaram a ser usados na Páscoa.

As forças da natureza, os ciclos naturais e as características humanas foram personificados nos deuses e em outros seres míticos destas lendas.

É interessante observar, por exemplo, que os inimigos dos deuses eram representados pelos seres que habitavam, principalmente, o submundo de Yggdrasil, a Árvore da Vida. Os gigantes do gelo retratavam as nevascas, o gelo e as intempéries originadas pelo clima gelado que representa perigo. Os gigantes do fogo estampavam a tribulação do fogo dos vulcões e incêndios. Os gigantes não necessariamente eram grandes de tamanho, mas enormes em poder e perigo. Os povos da época tinham perfeita consciência do cíclico e alternado movimento de criação e destruição, de vida e morte no passado, no presente e que refletia no futuro.

Observações: o "j" nas línguas nórdicas tem a pronúncia de "i" e o "g" tem sempre o som de "g" e não som de "j", como no português.

Sumário

CAPÍTULO 1

A criação dos Nove Reinos

Palavras de Sybila:

"No início dos tempos, o grande caos rugia.
Não havia mar, nem água, nem areia,
Nenhuma terra abaixo, nenhum céu acima,
Somente um vão profundo em que nada existia."

Inspirado em Völuspa (Palavras do Altíssimo)
***Edda Poética*, de Snorri Sturluson**

Eis que Sybila, a vidente, relata a história da criação dos Nove Reinos que formam o Universo e profetiza seu iminente final, o Ragnarok*: "Nada era como hoje. No princípio só havia trevas. Não havia nada, somente um grande vazio. Não existia a terra, nem os elevados

* Ragnarok, o crepúsculo dos deuses, o apocalipse, é erroneamente traduzido na nossa cultura como o fim de tudo, quando, na verdade, seu significado é "Revelação", o descortinar de um novo tempo.

céus com estrelas, a lua ou o sol. Não havia mundo algum. Só o nada..."

Passou-se muito, muito tempo sem que nada mudasse, sem que nada existisse. Passaram-se muitas e muitas eras. Então, finalmente, tudo começou a mudar. Aos poucos, foram surgindo alguns sinais. Aos poucos, alguma coisa começou a existir. No início, não se podia definir ao certo o que estava vindo. Muito tempo mais se passou neste nascimento gradativo e vagaroso. Até que, afinal, podia-se ver um grande e profundo abismo de gelo deserto. Mais tarde, quando tudo seria nomeado, a ele seria dado o nome de Ginnungagap.

Este abismo permaneceu deserto e imutável ainda por muito tempo, eras e eras. Tudo acontecia muito devagar naqueles tempos remotos. Então, o abismo começou a esquentar. Aos poucos, pequenas mudanças aconteceram. O tempo deu espaço a muitas surpresas. Fogo brotou do fundo do abismo. Conforme as eras se consumiam, grandes labaredas ardentes foram se formando. Então, no vazio primordial, sem forma, vida e cor, surgiu o primeiro reino. Regido pelo fogo cósmico, o primeiro mundo se formou, o Reino do Fogo, ao qual se deu o nome de Muspelheim, que viria a ser habitado pelos gigantes do fogo.

Tudo estava mudando. Ainda devagar, mas continuava mudando. Na escuridão e nas névoas do abismo, formou-se, junto ao gelo, o segundo reino, o Reino da Névoa Perpétua. Um mundo escuro, mergulhado nas trevas eternas e envolto de névoas espessas, dominado pelo frio e castigado pelo vento. A este reino deu-se o nome de Nifelheim.

Estes dois primeiros mundos antagônicos foram se aproximando um do outro e, após milênios, encontraram-se no meio de Ginnungagap.

Já Muspelheim, o mundo do fogo, era banhado pela luz do seu fogo eterno. Mais tarde, ele veio a ser guardado pelo gigante do fogo Surt, com sua espada flamejante. Fagulhas das chamas derreteram algum gelo no fundo do abismo. Neste movimento, as forças primevas criaram uma fricção entre o gelo e o fogo que impregnou Ginnungagap, o abismo primordial, com a centelha geradora de vida.

O tempo passava lentamente e enquanto ele se consumia entre uma era e outra, nasceu, então, a fonte Hvergelmir entre estes dois mundos. Era um grande caldeirão borbulhante de cujas águas nasceram doze rios, chamados Élivágar, que flutuavam sobre Ginnungagap até se precipitarem e jorrarem com força no abismo, fazendo com que se soltassem gigantescos blocos de gelo e subissem grandes nuvens de vapor. O fogo fecundava o Universo e ele continuava a mudar.

De um destes grandes blocos de gelo, aos poucos, liberou-se a primeira criatura viva daqueles mundos remotos: Audhumla, uma colossal e majestosa vaca.

Necessitando de alimento, essa criatura de tamanho descomunal, descobriu que o gelo era salgado e começou a lambê-lo. Ainda com fome, Audhumla esculpiu com sua língua outra criatura primitiva, Ymir, um gigante hermafrodita. Esse gigante era a personificação do oceano congelado e o ancestral de todos os Hrim, Thurs e Rimethurs, gigantes do gelo.

Audhumla permitiu que Ymir se alimentasse do leite que escorria de suas nove tetas. Movida pela fome, a gigantesca vaca seguiu lambendo o sal do gelo e, assim, esculpiu outro ser sobrenatural, o primeiro com feições divinas: Buri, que também se alimentou das tetas dela. Mais tarde, Buri gerou um filho que foi chamado de Borr.

Quando os gigantes do gelo, os Hrim, Thurs e Rimethurs, descendentes de Ymir, perceberam a presença dos deuses Buri e Borr, partiram para a luta. Dela, iniciou-se a rivalidade entre deuses e gigantes, pois ambos representavam forças opostas da ordem e do caos e não havia possibilidade de um convívio pacífico. Esta guerra durou muito tempo, sem que houvesse vencido ou vencedor.

Neste ínterim, Borr casou-se com a giganta Bestla, filha do gigante Bolthorn, e geraram três filhos: Odin (espírito), Vili (vontade) e Vé (sagrado), que formaram uma Tríade Divina.

Enquanto isso, Ymir, o gigante hermafrodita, adormeceu e, deitado na geleira, começou a suar com o calor que subia de Muspelheim. De seu suor debaixo dos braços, durante o primeiro sono, brotaram os primeiros seres humanos. Tratava-se de um casal: Ask, um homem, e Embla, uma mulher.

As pernas deste gigante hermafrodita copularam entre si, de onde nasceu um gigante de seis cabeças, Thrudgelmir, que, por sua vez, gerou Bergelmir, progenitor de todos os gigantes do gelo.

Buri e seus três poderosos filhos (Odin, Vili e Vé) uniram-se e lutaram contra os gigantes, matando o temível e sagaz Ymir. Seu sangue jorrou e provocou um dilúvio, no qual pereceram todos os gigantes, menos Bergelmir, que fugiu de barco com sua mulher. O casal navegou até outro reino que havia se formado, Jotunheim, o Reino dos Gigantes do Gelo. Lá geraram sua descendência, que perpetuou a eterna disputa e rivalidade com os deuses.

Odin, Vili e Vé continuaram a modificar o Universo. Do corpo de Ymir, formou-se outra grande parte do mundo. Da sua carne, criou-se Midgard, o Jardim do Meio, e o colocaram no centro do espaço vazio. O sangue foi transformado em oceano; seus ossos foram usados para criar as montanhas; dos seus dentes, foram moldadas as rochas; e dos cabelos, as árvores e toda a vegetação. Seu crânio foi usado para criar o firmamento, salpicando-o com seu cérebro, que deu origem às nuvens. Então, os deuses contemplaram e admiraram sua obra e ficaram, por hora, satisfeitos.

O Universo nunca parou de mudar, e os deuses sentiram que era necessário criar mais algumas melhorias. Para que o céu se mantivesse acima de tudo, colocaram quatro anões segurando-o e marcando os pontos cardeais. Assim foram nomeados: Nordhri (Norte), Sudhri (Sul), Austri (Leste) e Vestri (Oeste). Para iluminar o Universo, transformaram faíscas de Muspelheim em Sol e Lua e, por fim, as estrelas.

O Sol foi colocado em uma carruagem dourada com dois cavalos: Arvak (o madrugador) e Alsvid (o veloz). Era conduzida por Sol*, filha do gigante Mundilfari.

A Lua foi colocada em uma carruagem prateada, puxada por um único cavalo, Skinfaxi (o ligeiro). Esta carruagem prata era dirigida por Mani (Lua), também filho de Mundilfari.

Mais uma carruagem foi colocada nos céus, desta vez, preta, puxada pelo cavalo Hrimfaxi (crina de gelo), que, enquanto corria, espalhava gotas de orvalho. Para conduzir esta carruagem, foi escolhida Nott (noite), filha do gigante Norvi.

* Nos países nórdicos, o Sol é feminino e a Lua é masculina.

Outra carruagem ainda foi providenciada, esta era branca e puxada pelo cavalo Crina Brilhante, que distribuía seus raios luminosos pelos recantos do Universo. A carruagem branca era dirigida por Dag (dia), também filho de Norvi.

Do abismo de Ginnungagap, nasceu um enorme freixo, Yggdrasil, a "Árvore da Vida", que viria a sustentar todos os Nove Reinos.

Caminhando nas margens do mar, a Tríade Divina encontrou Ask e Embla, os seres humanos que nasceram do suor de Ymir. Ao vê-los, decidiram dar-lhes a vida. Odin tirou de Yggdrasil um pedaço de madeira e fez dele um cajado. Tocou o casal de humanos com o cajado e deu vida a eles. Tendo Odin lhes presenteado com o sopro da vida, seu irmão Vé lhes deu os sentidos, e Vili, a inteligência. Feito isso, os deuses ofereceram a esse casal o Jardim do Meio, Midgard, para se reproduzirem e povoarem a Terra.

Odin e seus irmãos dirigiram-se ao ponto mais alto de Yggdrasil e aí, nos últimos galhos, formaram o Reino de Asgard, a partir de então, morada dos deuses aesir. Aclamaram que este era o reino mais bonito e fértil do Universo, abençoado com uma infinidade de riquezas, como ouro, prata e pedras preciosas. Também seus habitantes, os deuses aesir, destacavam-se em beleza, força e talento.

Odin, o mais velho e poderoso dos deuses a habitar Asgard, sempre foi o maior soberano deste reino e do Universo, o altíssimo, o Allfather, pai de tudo e de todos. Deste mundo, os deuses governavam o Universo, e o único acesso a ele era por meio do arco-íris, a ponte Bifrost ligando a Midgard.

Para finalizar sua obra, a Tríade Divina achou que era bom criar também a manhã e a tarde, o meio-dia e a meia-noite, o crepúsculo e a alvorada, as estações do ano (o verão e o inverno, a primavera e o outono). Colocou as carruagens em movimento. E assim, até hoje, quando a carruagem dourada com Sol desponta no horizonte leste, acompanhada da carruagem branca de Dag, chega a alvorada e depois a manhã. Quando o Sol chega ao meio do céu, é o meio-dia, que dá sequência à tarde. Ao baixar no horizonte oeste, inicia-se o crepúsculo e, nesta hora, a carruagem prateada desponta no leste, carregando Mani (a Lua) e, acompanhada da carruagem preta com Nott, chega a noite trazendo a escuridão. Quando Mani chega à metade do firmamento, é meia-noite.

Feito isso, os deuses perceberam que, dos restos mortais de Ymir, começaram a sair grande quantidade de minúsculos seres rastejantes e, deles, foram criados os anões e os anões escuros. Para essas criaturas, foi criado o mundo Nivadellir, que foi colocado logo abaixo de Midgard. Os anões escuros, chamados também de orcs, seres ladinos e traiçoeiros, foram habitar o submundo de Nivadellir, que foi chamado de Svartalfheim. Dali, esses seres soturnos não podiam sair, sob a pena de se transformarem em pedra. Os anões de Nivadellir assumiram a tarefa de extrair os metais e as pedras preciosas das profundezas de Midgard, para fabricar as armas e as joias dos deuses.

Assim, segundo os deuses aesir, foi criado o Universo. Porém deuses mais antigos, os vanir, que regiam a natureza, não concordavam com esta versão. Para eles, a grande mãe, Erda (a Terra), foi a primeira expressão de vida no Universo e uma nova versão para todo o resto da criação. O Universo teria surgido de uma explosão do vazio, e Erda teria criado tudo, fecundada por uma centelha de vida que estava vagando no

Cosmos desde a grande explosão. Então, ela teria criado todos os reinos e, quando formou os oceanos, colocou ali um regente e lhe deu o nome de Njord. Com o passar do tempo, ela gerou vários outros deuses, um para cada manifestação da natureza por ela criada.*

Durante as migrações, vieram do leste os asiáticos (ases, aesir ou arianos). Estes seres eram guerreiros muito fortes e bem armados que travaram uma guerra com os deuses vanir, a fim de estabelecer uma supremacia. Como não houve vencidos ou vencedores, os asiáticos também foram elevados a deuses, passaram a ser conhecidos como deuses aesir e, apesar de se unirem aos vanir, habitaram reinos diferentes.

Os deuses aesir estabeleceram seu reino na copa de Yggdrasil, nos seus galhos mais altos, e o chamaram de Asgard. Eles estavam muito acostumados ao calor e à luminosidade do sol e ali acharam seu habitat ideal. Os vanir ou vanires continuaram na parte mais frondosa e cheia de verde da copa, junto à natureza mais exuberante.

Mais tarde, Frey, o filho de Njord, ganhou de presente do pai o Reino de Alfheim, ao cair seu primeiro dente de leite. Nesse reino, foram viver os elfos, seres muito belos, brilhantes e benevolentes. Eles eram guardiões das florestas e das demais expressões da natureza que ajudavam os deuses e os humanos a preservá-las.

Também foi criado um mundo para os mortos nas profundezas do Universo. Este reino passou a se chamar Helheim ou

* Aqui pode-se notar claramente a interferência do mundo patriarcal e do cristianismo na história da mitologia nórdica. Na história mais antiga, conta-se que os deuses e toda a sociedade eram matriarcais, o Sagrado Feminino reinava. O cristianismo diminuiu a mulher e a dominou.

Hel, e Hela, a filha de Loki, era a deusa e guardiã deste reino dos mortos.

Assim foram criados os Nove Reinos de Yggdrasil. Mas outros seres ainda se juntaram a eles.

Acima de Asgard, empoleirou-se, no último galho, uma águia chamada Hraesvelgr, em cuja testa, entre seus olhos, vivia um falcão, chamado Vederfolner. O bater das asas desta enorme águia passou a provocar o vento. Enquanto isto, Nidhogg, um dragão, roeu a raiz mais profunda de Yggdrasil, a árvore eixo do mundo. No seu tronco corria Ratatosk, um esquilo que se dedicava a levar fofocas e insultos entre Hraesvelgr e Nidhogg, provocando inimizade e disputa entre estes dois seres que habitavam as extremidades do Universo.

Nove mundos se desenvolveram. Cada qual com seu papel e sua importância no destino do Universo. Pode-se dizer que Erda e Odin os criaram para se completarem e alcançarem a ordem que deveria reinar sobre o caos.

Mas os seres eram imprevisíveis, e os deuses perderam o controle sobre eles. Com o tempo, não conseguiram entrar em acordo nem viver em harmonia. Então, veio o caos que reinou sobre a ordem. Com ele, chegou o fim dos tempos antigos: o Ragnarok, o crepúsculo dos deuses. Quase todos os seres sucumbiram. Tudo mudou novamente.

"O sol fica escuro, a terra afunda no mar,
Estrelas brilhantes somem da abóboda celeste.
O vento e o fogo entrelaçam-se enraivecidos
Até que as chamas gigantes alcançam o céu (...)
Irmãos vão lutar e matar uns aos outros
E os filhos das irmãs trairão seus parentes.

Em todo o mundo o sofrimento dominará.
Uma era de espadas e escudos quebrados seguirá
Antes de o mundo ruir, nenhum homem outro poupará..."

Inspirado em Völuspa (Palavras do Altíssimo)
***Edda Poética*, de Snorri Sturluson**

ÁRVORE GENEALÓGICA

Audhumla (a vaca)

YMIR	BURI
|	|
GIGANTES HRIM, THURS E RIMETHURS	BORR
	|
	ODIN, VILI E VÉ

OS NOVE REINOS

ASGARD – o reino dos deuses aesir, ases ou arianos.
VANAHEIM – o reino dos deuses vanir, os deuses antigos.
ALFHEIM – o reino dos elfos claros.
MIDGARD – ou Terra Média, o reino dos homens.
NIVADELLIR – o reino dos anões.
    SVARTALFHEIM, no submundo de NIVADELLIR – o mundo dos anões ou elfos escuros (os orcs).
HELHEIM – o reino dos mortos.
NIFELHEIM – o reino das névoas perpétuas.
MUSPELHEIM – o reino dos gigantes do fogo.
JOTUNHEIM – o reino dos gigantes do gelo.

ASGARD
VANAHEIM
ALFHEIM
MIDGARD
NIVADELLIR
HELHEIM
NIFLHEIM
MUSPELHEIM
JOTUNHEIM
YGGDRASIL

CAPÍTULO 2

Yggdrasil, a árvore da vida

Relato de Sybila, a vidente:

"Conheço um freixo chamado Yggdrasil,
Uma árvore imensa em meio à bruma branca,
Dela escorre o orvalho que cai nos vales.
Firme, mantém-se sempre verde
Acima da sagrada fonte de Urd"

Inspirado em Völuspa
(Palavras do Altíssimo)
***Edda Poética*, de Snorri Sturluson**

Yggdrasil, a Árvore da Vida, cresceu no centro do universo para sustentar os Nove Reinos, tornando-se o eixo do mundo. Um freixo de tamanho colossal, nascido no abismo de Ginnungagap, no encontro do gelo e do fogo, para equilibrar o Universo entre o caos e a ordem. Uma árvore de tal magnitude que não podia ser vista como um todo por nenhum olho de qualquer ser que nela habitava. Nasceu nos anos escuros dos tempos antigos, durante a criação relatada por Sybila (a vidente) e passou muitas eras desenvolvendo-se.

Esta árvore era totalmente diferente de todas as outras em qualquer dos mundos que sustentava, por ser muito grande e parecer flutuar no espaço. Suas raízes não estavam fixadas em solo algum, tampouco enterradas na areia ou na terra.

Os mundos se fixaram nas raízes, no tronco e nos galhos. Uma das raízes sustentava Nifelheim, o mundo de névoas e gelo eterno. Outra, no lado oposto, sustentava Muspelheim, o mundo do fogo eterno, onde viviam os gigantes do fogo. Abaixo, as Nornas Urd (passado, representado por uma anciã), Verdandi (presente, representado por uma mulher madura) e Skuld (futuro, representado por uma jovem), deusas que teciam o destino. A raiz central, um pouco abaixo, sustentava o mundo dos gigantes do gelo, Jotunheim, e abaixo deste, o Poço de Mímir, Urd ou ainda Wyrd (sabedoria). A quarta raiz sustentou Helheim, o mundo dos mortos.

No meio de Yggdrasil, situou-se Midgard, a terra do meio. No seu subterrâneo, instalaram-se os seres diminutos no mundo dos anões, chamado Nivadellir, e, no subterrâneo deste, viveram os anões escuros, em um mundo conhecido como Svartalfheim.

Logo acima de Midgard, havia dois belos reinos, um conhecido como Vaneheim, o mundo dos deuses vanir, e outro conhecido como Alfheim, o mundo dos elfos. E acima de tudo: o topo da Árvore da Vida foi reservado para o mundo dos deuses aesir, Asgard!

Quatro anões foram designados para sustentar o céu, acima de Asgard, e marcar os pontos cardeais: Nordhri (Norte), Sudhri (Sul), Austri (Leste) e Vestri (Oeste). Midgard, a Terra Média, foi entregue aos seres humanos.

Os mundos intercalados em vários níveis no espaço, separados por desertos desolados, montanhas, frio, escuridão, vales, abismos e rios, eram, também, intercalados por pontes, sendo Bifrost, o arco-íris, a mais famosa. Esta era usada pelos deuses e seres sobrenaturais e ligava o céu à terra. Havia pontes mais frágeis, como as suspensas sobre os abismos e vales, as finas como uma lâmina de espada ou, ainda, aquelas mais resistentes, como Gjallarbru (a Ponte do Eco), que levava ao portal Helgrind ou Valgrind, na entrada de Hel.

Na primeira raiz, a que sustentava Nifelheim, nasceu um dragão, e a ele foi dado o nome de Nidhogg. Por algum motivo, ele passou a roer esta raiz e isso começou a enfraquecer Yggdrasil, o que teve um papel importante no Ragnarok.

Na copa dessa árvore gigante, na sua rama mais alta, pousou uma águia chamada Hraesvelgr. Tinha, entre seus olhos, um gavião (Vederfolner). Já no tronco da árvore cósmica, nasceu um esquilo chamado Ratatosk. Ele se dedicava a correr pelo tronco, passando notícias falsas e insultos do dragão para a águia e vice-versa, semeando discórdia entre eles. Também quatro cervos corriam pelas ramas de Yggdrasil.

Nos frutos deste magnífico freixo, as Nornas colocaram as respostas a todas as perguntas dos seres do universo, bem como o poder de trazer os homens mortos de volta à vida, ou, ainda, curar todos os males.

Nas suas folhas, as deusas do destino escreveram o destino de cada um de seus habitantes. Portanto, Yggdrasil, a Árvore da Vida, representava para os humanos o início e fim de tudo, a fonte da vida, a sabedoria divina, o alimento da alma e do corpo, o consolo do coração nos momentos difíceis, o remédio que tudo curava e o destino de tudo.

Dada a importância desta árvore, as três Nornas (Urd, Verdandi e Skuld) regavam suas raízes todas as manhãs. Desta maneira, evitavam que Yggdrasil se debilitasse, e ela poderia continuar proporcionando vida longa e equilíbrio aos Nove Reinos. Estas deusas, uma anciã, uma jovem senhora e uma adolescente, representavam o passado, o presente e o futuro, respectivamente.

CAPÍTULO 3

Odin em busca da sabedoria ancestral

Após a criação do Universo, Odin o contemplou do céu e sentiu o peso de sua responsabilidade como "pai supremo". Deu-se conta de que teria de cuidar da ordem para lutar contra as forças do caos. Teve a ideia de circular para conhecer melhor os reinos e elaborar um plano para conseguir manter-se no poder, fazendo de si um bom guardião. Então, decidiu viajar pelos mundos de Yggdrasil e chegar ao subterrâneo, abaixo de Jotunheim (o Reino dos Gigantes de Gelo) até a Fonte de Mímir, o deus da sabedoria.

À procura de auxílio e companhia para a viagem, escolheu dois corvos para se sentarem em seus ombros. Deu a um o nome de Huginn (pensamento) e, ao outro, o nome de Muninn (memória). Os dois passaram a reconhecer antecipadamente o caminho a ser percorrido pelo deus, avisando-o de tudo o que havia pela frente e de tudo que aconteceria no Universo.

"Huginn e Muninn voam a cada dia
sobre a terra espaçosa.
Eu temo por Huginn,
Que ele não volte,
ainda mais ansioso estou por Muninn."
Inspirado no poema Grímnismál
***Edda Poética*, de Snorri Sturluson**

Odin também escolheu dois lobos enormes e assustadores e lhes chamou de Geri e Freki. Ambos também foram sua companhia e lutaram com seu dono em todas as batalhas. Odin foi muito grato por isso e os alimentou melhor do que a si mesmo.

"O acostumado às batalhas,
o triunfante senhor de exércitos,
sacia Geri e Freki,
Mas ele, o famoso nas armas,
Odin, vive apenas de vinho."
Inspirado no poema "Grímnismál"
***Edda Poética*, de Snorri Sturluson**

A fim de se manter incógnito durante a viagem, Odin escolheu um manto azul-escuro com um capuz que lhe cobria a face e adotou o nome de Gangleri (o andarilho). Levou um odre com vinho para se alimentar e sua lança mágica Gungnir para se defender, além de seu cajado que confeccionou de um galho de Yggdrasil quando deu vida ao casal Ask e Embla. Já

Gungnir era uma lança, feita pelos anões, que jamais errava seus alvos. Então, iniciou sua jornada saindo no meio da noite.

Odin desceu do alto de seu trono mágico Hlidskjálf, que ficava em seu castelo Valaskjálf, para a maravilhosa floresta Glasir, com suas árvores de folhas de ouro-vermelho que cercavam seu castelo na parte mais alta de Asgard.

A luz da lua lhe acompanhou, clareando o caminho e, olhando para o firmamento, ele agradeceu à Mani com um aceno silencioso. Conseguia ver nitidamente as árvores altas e frondosas, os animais que aí habitavam e a relva fresca que exalava sob seus pés. Os pássaros lhe homenagearam com lindas melodias. Os animais espiaram curiosos, seguindo-lhe com o olhar. Todos sabiam que se tratava de Allfather, o pai de todos.

Ao chegar à Ponte Bifrost, encantou-se novamente com sua própria obra, admirando as cores do arco-íris. Desceu por ela e invocou a arte do silêncio de Heimdall, o Deus Branco, para não fazer alarde com sua corneta Gjallarhorn. Heimdall, como guardião da ponte, tinha o dever de alertar os deuses de qualquer movimento em Bifrost, mas isto acabava por denunciar quem passasse discretamente por Midgard, como neste caso.

Odin pretendia passar pela morada dos homens (Midgard) para chegar às raízes mais profundas de Yggdrasil até a Fonte de Mímir (deus da sabedoria), para beber da sua fonte. Porém ali encontrou Erda, a mãe terra e guardiã de Midgard, que não parecia disposta a lhe dar passagem. Assim, ele sentou-se no chão, tomou um gole de vinho e ofereceu a Erda.

Apresentou-se como Gangleri, o andarilho, e iniciou uma respeitosa e sedutora conversa em forma de versos:

– *Formosa senhora,*
De olhos e cabelos da cor desta terra,
Ouve os apelos do meu coração.
Venho de longe,
Estou em apuros,
Preciso penetrar este solo
Descer e seguir
Ao mais profundo rincão.
À mais profunda raiz,
No mundo dos sonhos escuros,
Abaixo do frio e das névoas,
A Fonte de Mímir procuro,
Além de Nifelheim,
Está meu destino.

– Descubra sua face, para que eu possa vê-lo, e me poupe de suas mentiras, andarilho, homem de poucas verdades. Não tente me impressionar com poesias e fala mansa. Conheço o que está abaixo de meu reino e certamente a Fonte de Mímir, o sábio, não fica nas profundezas de Nifelheim – respondeu Erda.

Sem jeito e envergonhado com seu descuido, Odin jogou seu capuz para trás, deixando à vista seu cabelo escuro que lhe caía até os ombros e sua barba grisalha. Levou o odre de vinho até a boca e bebeu outro longo gole, oferecendo novamente a Erda que também o apreciou longamente.

– Vejo que mentira é seu nome, Odin. Por que anda disfarçado?

– Bela e amável senhora,
Ando no anonimato, sim,
A fim de ver se está tudo como outrora
Quando criei o Universo sem fim.
Em verdade, a Jotunheim me dirijo,
O mundo dos gigantes do gelo.
O manto é meu esconderijo,
Para não ter de fazer aos gigantes um apelo,
Pois inimigos dos deuses,
Colocam-me em grande perigo.
Vou à procura de Mímir,
De sabedoria preciso,
Ouvir conselhos antes de ir,
De volta a Asgard indeciso.

Então Odin a colocou a par de seus propósitos. Erda meneou os cabelos em sinal de compreensão e passou e vê-lo com outros olhos. Ofereceu-lhe água doce. Encorajado, ele sorriu e seguiram bebendo o vinho do odre do deus. Admiraram o sol que se punha, lindo, no horizonte. O céu se tingiu de várias cores. O entardecer criou uma atmosfera que os envolveu em encanto. Inebriados com a doce paisagem e com o efeito do bom vinho que saborearam, rolaram na relva na paixão do momento e se entregaram ao amor.

Acordaram felizes pela manhã. Erda lhe deu permissão para descer pelas raízes abaixo da Terra e lhe jurou passagem segura no caminho de volta. Odin disse que esperava ansiosamente por este momento.

Continuando sua viagem, ele desceu pelas raízes de Yggdrasil. Silenciosamente agradeceu a Sol, a guardiã do astro-rei pelo espetáculo que lhe proporcionou na entrada da noite anterior.

Chegando a Jotunheim, puxou novamente seu capuz, cobrindo o rosto, e passou discretamente pelos gigantes. Penetrou o subterrâneo daquele mundo até chegar ao fundo das raízes e alcançar seu destino.

Mímir estava sentado à beira da fonte, absorvido pela leitura de um de seus pergaminhos. Seu semblante era sério, sábio e sereno. Sua figura era imponente e envolvente, difícil de se deixar de olhar. Odin se aproximou confiante. O deus da sabedoria tirou os olhos do pergaminho, levantou a cabeça e surpreendeu-se com a inesperada presença do encapuzado andarilho.

Odin tirou o capuz a fim de que o sábio deus o reconhecesse e lhe falou:

– *Ó soberano da fonte,*
Venho por seu saber,
Desta nascente preciso beber,
De seus conselhos tenho necessidade,
Para a ordem manter.
A ameaça do caos é constante,
É sombrio o futuro dos *mundos.*
De cada ser e de todas as mentes,
Dos falantes aos mudos,
A sede de poder os seduz.

Mímir observou a figura à sua frente, um velho senhor de cabelo e barbas grisalhos. Reconhecendo Odin, falou:

- Senhor do Universo, seja bem-vindo à minha morada! Estou lisonjeado que venha a mim pela sabedoria ancestral! Posso lhe dar de beber da minha fonte, todos os meus conselhos irá receber através de somente um gole da fonte. Porém terá de me dar algo em troca, o sacrifício de sua dedicação, e assim provará as boas intenções que tem. Se realmente procura por soluções para seus Nove Reinos, o preço não será alto.

- Que lhe posso oferecer,
em troca de tão valiosa bebida?
Nada trago para merecer,
tão única benesse,
talvez necessites receber,
algum favor em contrapartida?

- Agradeço tua generosa oferta, demonstra confiança. Mas para ti, "o buscador", centrado na tua realidade de senhor do Universo, propondo-se a mergulhar no teu interior para obter informações que auxiliem a transformação que virá com o conhecimento dos segredos do Universo, o preço deverá ser significativo, um sacrifício pessoal. Em troca do que busca, deverás depositar no fundo da fonte teu olho esquerdo, símbolo da razão, e assim firmar seu compromisso. Terás outros benefícios com este gesto, estaremos em contato constante. Não receberás somente sabedoria, mas vais ampliar tua visão interior, terás *insights* que o levarão a decisões corretas e sábias para manter a ordem acima do caos.

– Alto é teu preço, Mímir!
Porém não tenho escolha,
somente com sabedoria posso seguir,
de volta a Asgard e de lá administrar
a ordem para os mundos conseguir.

Odin então lhe entregou o olho esquerdo, que foi depositado na fonte milagrosa. Com o gole desta água clara e límpida, absorveu tanta sabedoria e poderes que passou a conhecer segredos inimagináveis antes detidos apenas por Mímir. E, assim, despediu-se:

– Sábio e poderoso deus,
Com profunda gratidão me despeço,
Poderes levo para os céus,
De ignorância não mais padeço!

Com uma reverência, despediu-se, deixando o domínio de Mímir e iniciou sua viagem de volta aos céus. Ali, no subterrâneo da árvore do mundo, mergulhou no escuro do submundo e se doou em sacrifício a si mesmo, transcendendo a morte pelo sofrimento, pendurando-se em uma raiz de Yggdrasil. Suspenso, enforcado, por nove dias e nove noites, imolou suas costas com sua lança. Ali pendurado, visualizou, abaixo de si, as runas e, ao lado, um escudo no qual escreveu todos os sinais desta escritura sagrada que lhe foi presenteada.

"Suspenso na Árvore assolada pelo vento,

Durante nove dias e nove noites fiquei.
Trespassado por uma lança, uma oferenda para Odin,
Eu mesmo me sacrificando e oferecendo-me a mim.
Amarrado e suspenso estive naquela Árvore,
Cujas raízes têm uma origem desconhecida aos homens.
Ninguém me deu pão para comer,
Ninguém me deu algo para beber.
Ao espreitar as profundezas abaixo de mim,
Agarrei avidamente às runas,
E apossei-me delas, dando um grito feroz.
Depois caí perdendo os sentidos.
[...]
Bem-estar eu alcancei com as runas, sabedoria também.
Amadureci e alegrei-me com meu crescimento.
Cada palavra conduziu-me a novas palavras,
Cada ato proporcionou-me novos atos e escolhas."

"Hávamál"

***Edda Poética*, de Snorri Sturluson**

Sobre as runas:

CURA

"Conheciam-se runas, eternas, poderosas e mágicas,
Que desenvolviam a vitalidade e
salvavam a vida dos homens"

"Rigstula"

***Edda Poética*, de Snorri Sturluson**

"Runas de poder, cura e sabedoria,
Entalhadas sobre pedra, ouro ou prata,
Na lança de Odin,
No assento da feiticeira,
Nas unhas das Nornas,
No bico da coruja noturna,
Riscadas sobre as folhas de Yggdrasil,
E ao hidromel misturadas
Para longe serem enviadas."

Inspirado no texto de Mirella Faur no livro *Mistérios Nórdicos*, em que se refere à "Völsunga Saga – Sigdrifumal"

CAPÍTULO 4

O retorno de Odin

De volta à superfície e muito cansado, Odin sentou-se na relva à sombra de uma árvore. Abriu seu odre de vinho e sorveu esta bebida divina lentamente enquanto apreciava a paisagem. Como era lindo Midgard! Flores de todas as cores e animais diversos, uns pelos ares cantando, outros pelos campos pastando na grama fresca, outros pulando pelas árvores... Árvores! Como se fossem pequenas Yggdrasis, de múltiplos formatos e tamanhos e folhagens de infinitas cores... Correndo em meio a tudo isso, ele viu um menino de cabelos ruivos e encaracolados brincando e, em seguida, Erda correndo atrás dele e rindo alegremente. Ela viu Odin e se aproximou, junto com o menino.

– Pareces cansado, viajastes por muito tempo...

Com uma reverência, ele a cumprimentou:

- Encantado em vê-la novamente,
Em tão bela forma e contente,
Correndo atrás deste belo menino,
Estás tão feliz e pareces *à infância ter retornado!*
A alegria lhe cai bem realmente,
Tanto que, com crianças, tens brincado!

Ela sentou-se ao lado dele e, pegando a mão do menino, pediu para que se sentasse também.

- Odin! Aguardei ansiosamente pela tua volta e finalmente chegastes! Realmente estou muito feliz, e tu ficarás também. Este menino com quem brinco é nosso filho Thor. Nasceu enquanto viajavas. Ele cresce rápido e forte como um deus! Tem cabelos ruivos e olhos verdes penetrantes e intimidadores.

Odin olhou para o filho e disse:

- Digno de um deus é teu semblante!
Tens uma beleza exuberante e divina,
Alto, forte e uma postura impressionante!
Energia também tens bastante,
Aprenderás a manusear armas num instante!
Gloriosa surpresa destes-me, senhora!

Bebendo vinho e sentados na grama florida, no chão da mãe terra salpicado de folhas caídas, conversaram, cada qual falou de suas aventuras. Odin relatou a visita a Mímir e sobre seu olho depositado na fonte em troca de um gole de água da fonte da sabedoria. Contou também sobre seu sacrifício pelos

Nove Reinos, no qual se manteve pendurado e enforcado em uma das raízes de Yggdrasil por nove dias e nove noites; falou da cicatriz de onde se infligiu um ferimento com a própria lança, iniciando-se à magia e a soberania de todos os deuses e de todos os reinos. Pendurado nesta raiz teve a visão das sagradas runas. Erda lhe contou do trabalho como regente da Terra Média (Midgard) e seus cuidados para manter a ordem acima do caos. Descreveu a gravidez, o parto, o nascimento de Thor, a preocupação e alegria que tudo isso lhe trouxe.

– Precisamos falar sobre o destino de Thor. Seu filho já é um rapaz feito e está preparado para ir contigo à Asgard, Odin! Sempre falei a ele que o destino dele seria reinar ao lado do pai, aprender a manusear as armas e a manter a ordem acima do caos. Disse-lhe que sempre será o guardião da Terra, o mundo onde nasceu e da qual eu sou soberana.

– *És soberana de Erd (Terra),*
Ela é feita de ti e tu és feita dela!
Fecundada foste quando penetrei suas entranhas
Em busca de meu destino eu fui,
Mais capaz e forte retornei,
A responsabilidade de pai também abraço!
Thor irá comigo a Asgard,
Será um deus digno de ases e vanires!

De mãos dadas com o menino, o orgulhoso pai subiu Bifrost, a Ponte do Arco-Íris, e juntos chegaram a Asgard ao anoitecer. Odin estava feliz com o retorno ao seu lar! Amava a noite e o céu estrelado de seu reino! Regozijava-se com tanta beleza e, então, começou a planejar como apresentar seu primeiro filho ao restante dos deuses.

Quando despertou na aurora seguinte, contemplou Asgard do alto de seu trono, respirou profundamente e percebeu o quanto seu reino lhe fez falta durante a viagem. Sentiu-se ainda mais feliz por estar de volta. Foi até o quarto que providenciou ao menino para ter certeza de que não havia sonhado tudo aquilo... Lá estava Thor, dormindo na inocência de um menino. Seus cachos de cabelos ruivos amassados no travesseiro... *Lindo filho Erda me deu*, pensou.

Reuniu todos os deuses de Asgard no pátio de Vigrid (ou Idi), falou sobre todas as suas aventuras, suas proezas e seus ganhos. Relatou tudo em poesia e acompanhado de vinho. Deixou o mais importante para o fim:

– Mais novidades trago.
Em Midgard chegando,
A sua Senhora e soberana conheci,
Pela beleza da deusa terra caí,
E no retorno, Erda me esperando,
Meu primeiro filho eu vi
De Thor ela o estava chamando!
No fruto de um grande amor,
Vanires e ases unidos,
Uma viva aliança entre deuses,
De grande orgulho e amor me preenchi!

Chamou o garoto e o apresentou para eles. Os deuses ficaram muito felizes e festejaram por dias. Poetas fizeram versos, ases e vanires cantaram e dançaram. Muita bebida os embriagou e muita comida os fartou. Loki, um rapazola excêntrico e amigo de Odin, logo se aproximou de Thor, e uma grande amizade nasceu.

CAPÍTULO 5

O mito de Odhroerir

Odin se tornou o mais poderoso dos deuses. Deus da guerra, sabedoria, magia, poesia, vitória, entre outros.

Era filho do deus primitivo, Borr, e da giganta Bestla, irmão de Vili e Vé, com os quais formava a Tríade Divina. Teve vários filhos com diversas deusas ou gigantas: Thor, Balder, Vidar, as Valquírias e outros. Era casado com a deusa Frigga. Tinha aparência vigorosa, olhos verdes, longos e encaracolados cabelos e barba grisalha. Costumava andar envolto em um manto azul escuro com capuz ou chapéu com a aba caída sobre o olho faltante.

Mestre, mago, sábio, inquieto e, às vezes, furioso, era de uma natureza misteriosa e paradoxal. Sedutor, falava somente em versos, usando belas e tocantes palavras. Tinha como companheiros constantes seus dois corvos – Muninn (memória) e Huginn (pensamento) –, seus dois lobos – Geri e Freki – e, mais tarde, ganharia um cavalo de oito patas chamado Sleipnir. Tinha vários atributos, como magia, deslocamento entre os mundos, capacidade de criar e soltar amarras, conhecimento, metamorfose, viagens xamânicas, sabedoria, magia, poder de ler as runas etc.

Odin também era conhecido como Wotan, além de muitos outros nomes que usava quando se fantasiava de acordo com cada ocasião ou quando não queria ser reconhecido. Costumava usar seus símbolos de poder: cajado, espada, lança mágica (Gungnir), anel (Draupnir), escudo e elmo dourados brilhantes, três triângulos entrelaçados (Valknut ou nó dos enforcados), Trefot, cruz ou ainda suástica (Fylfot).*

Morava em Asgard, na floresta Glasir, onde ficava seu palácio Valaskjálf, com teto de escudos dourados, paredes de lanças prateadas e decorado com armas e armaduras. Ali, no seu trono Hlidskjálf, costumava sentar-se e vigiar todos os Nove Reinos de Yggdrasil.

Ao fim da guerra entre os deuses vanir e aesir, na cerimônia do armistício, todos os deuses cuspiram em uma vasilha usada para selar acordos. Da fermentação da saliva dos deuses, nasceu um ser muito especial, chamado Kvasir. Renomado pela sua imensa sabedoria, percorria os reinos dando conselhos a quem pedisse e respondendo a quem perguntasse.

Foi, então, que dois anões de nomes Fjalar e Galar, invejosos deste conhecimento profundo, mataram Kvasir. Roubaram o líquido mágico da saliva dos deuses, pensando que,

* As histórias aqui contadas são muito mais antigas que o nazismo. Na verdade, os nazistas se apropriaram do símbolo e o inverteram.

uma vez em posse desta poção mágica, eles se tornariam tão sábios quanto Kvasir. Mas os dois anões ambiciosos continuaram tão estúpidos quanto antes. Tentaram velhas magias do seu povo para enriquecer a saliva dos deuses, adicionando ervas aromáticas, mel e seu sangue na poção e a guardaram em três potes. Depois de fermentado por longo tempo, este líquido ficou conhecido como hidromel ou Odhroerir, o elixir da inspiração, que conferia o dom da poesia, da arte e da criatividade a quem o bebesse.

A fama desta bebida chamou a atenção e cobiça do gigante Suttung, que sequestrou os anões detentores do hidromel. Estes mesmos pequenos e inescrupulosos seres, Fjalar e Galar, haviam assassinado os pais do gigante Suttung de forma hedionda no passado. Finalmente em posse do elixir da inspiração, o gigante entregou a bebida aos cuidados de sua filha Gunnlod, que a levou para a caverna onde morava. Ali, ela vigiava, dia e noite, a valiosa iguaria.

Sempre observando o universo de seu trono Hlidskjálf, Odin ficou sabendo da mágica bebida. Também os seus corvos cochicharam em seu ouvido a respeito. Então, ele seguiu em busca desse tesouro.

Chegando à gruta totalmente impenetrável, fechada por estalactites vermelhas e quartzo brilhante, procurou um gigante e fez um acordo com ele para furar as pedras. Uma vez com um orifício aberto, tomou a forma de uma serpente para conseguir entrar.

Quando estava dentro da caverna, assumiu novamente sua forma divina. Seduziu Gunnlod. Passou com ela três dias e três noites e, no fim, pediu à totalmente apaixonada gigante para tomar um gole de cada um dos recipientes da valiosa bebida.

Ela consentiu, porém o astuto deus enganou a inocente e bebeu todo hidromel de cada um dos três potes. Repentinamente, tomou novamente a forma de uma serpente para sair da gruta e depois se transformou em uma águia para fugir voando.

Gunnlod gritou e gritou pelo seu pai, e ele, também em forma de águia, voou no encalço do ladrão. Mas Odin chegou antes aos altos céus de Yggdrasil e ordenou aos deuses que fechassem Asgard. Assim, escapou da perseguição de Suttung.

Chegando em casa, regurgitou a bebida em dois recipientes chamados de Son (expiação) e Boden (oferenda). Oferecia o elixir aos poetas, artistas e sábios e usufruía dele pessoalmente também, é claro.

Furioso, frustrado, sentindo-se enganado, humilhado e roubado, Suttung jurou matar Odin no Ragnarok.

"Me deu Gunnlod,
De seu trono de ouro,
O excelso hidromel.
Mal lhe paguei,
Sua boa intenção,
E seu sentimento sincero."
Inspirado no verso "Hávamál" (Os Ditos de Har)
***Edda Poética*, de Snorri Sturluson**

CAPÍTULO 6

O muro de Asgard

Thor e Loki cresceram, e a amizade deles se consolidou. Tiveram muitas aventuras juntos ou paralelamente, e a contada a seguir deve ser uma das primeiras.

O deus de Mjolnir, o martelo mágico, mais uma vez foi lutar com os gigantes que insistiam em invadir Asgard. Enfurecido, Thor brandia e arremessava seu martelo contra seus piores inimigos, e o céu se clareava de relâmpagos e trovejava assustadoramente no embate contra os assaltantes.

Preocupado com a segurança do reino dos deuses, Odin os reuniu em um conselho. Eles chegaram à conclusão de que seria necessário construir um muro ao redor de Asgard a fim de protegê-lo melhor. Pensando em quem chamar para construí-lo, viram um cavaleiro montado em seu cavalo que estava passando e o chamaram.

E Odin, que sempre falava em versos, indagou:

– *Ó, forasteiro, sejas bem-vindo,*
O que nos traz tão distinta visita?

– Estou à procura de trabalho, sou um ótimo construtor – respondeu.

E Odin disse:

– *Sejas bem-vindo, forasteiro!*
É uma conveniente coincidência,
Que a Asgard vieste.
De seus trabalhos necessitamos!
Incansáveis invasores temos,
Inseguros nos sentimos.
Um forte muro queremos,
Alto e forte o queremos.

Ao que o cavaleiro replicou:

– Com a ajuda de meu cavalo Svadhilfari, poderia construí-lo até o fim da estação, antes do inverno.

Mas seu preço era altíssimo! Exigiu Sol, Lua e Freya, a mais amada das deusas, como pagamento. Heimdall, o inteligente deus branco e guardião de Bifrost, aconselhou os deuses a não aceitarem o acordo. Porém Loki persuadiu-os a aceitarem, dizendo que ele jamais iria terminar um muro tão grande em tão pouco tempo e prometeu supervisionar a obra.

Thor não estava presente, pois, agora, já como um deus adulto e treinado, tinha ido a Jotunheim (terra dos gigantes de gelo) para defender seu mundo. Loki, sim, estava presente, também já crescido.

Ao supervisionar a obra, Loki observou que a construção evoluía a uma rapidez inesperada. Alarmado, percebeu que o magnífico muro estava quase pronto. Então, decidiu observar mais de perto o que estava acontecendo. Longe dos olhos dos distraídos deuses, viu que o construtor havia se transformado em um gigante, e seu belo cavalo passava a noite trazendo os enormes blocos de pedra. Tal ajuda adiantava em muito a obra. Ficou muito aflito e foi imediatamente falar com os deuses. Todos ficaram tomados de pânico e culparam Loki por havê-los convencido a aceitar o acordo, ameaçando-o de morte caso não encontrasse uma solução. Não podiam entregar Sol, Lua e Freya.

Com medo, Loki esperou a noite cair e se metamorfoseou em uma linda égua. Aproximou-se do cavalo do gigante, relinchando e chamando a atenção do animal. Quando o potro percebeu sua presença, a égua correu para a floresta e os campos escuros. Svadhilfari a seguiu apesar das chamadas e dos gritos aflitos do seu dono.

Alguns dias se passaram, o inverno chegou, e o muro não estava pronto. Loki e o cavalo do gigante haviam sumido, e o construtor reconheceu sua derrota, pois sem a ajuda do animal não conseguiu terminar o muro no prazo. Percebeu que não receberia seu pagamento, não poderia se casar com a maravilhosa Freya nem teria Sol ou Lua para si. Encolerizado, atacou os deuses. Thor, que havia retornado de sua viagem, empunhou Mjolnir e esmagou a cabeça do gigante.

Passou-se algum tempo e Loki reapareceu com uma cria que gerou quando esteve em forma de égua. Um cavalo de oito patas que presenteou a Odin para aplacar sua fúria. O deus dos deuses aceitou o presente de bom grado e lhe deu o nome de Sleipnir. Este se tornou sua montaria e companhia constante. O magnífico e incomum cavalo ficou conhecido como o melhor e mais veloz cavalo dos Nove Reinos.

CAPÍTULO 7

A viagem de Thor, Loki e Thialfi

Thor, o deus do trovão, tinha agora aparência de um homem enorme, musculoso, corpulento e vigoroso. Seus cabelos e sua barba eram longos e da cor do fogo, seus olhos verdes eram desafiadores e penetrantes. Sua risada e seus passos retumbavam em Midgard como um estrondo de trovão.

Usava uma túnica vermelha, botas de pele de urso e suas famosas e mágicas armas – como o cinturão (Megingjard), o martelo (Mjolnir) que jamais errava o alvo, as luvas e o elmo de ferro forjados pelos anões – davam-lhe força e poder.

Andava em uma carruagem puxada por enormes bodes, e seu apetite era renomado pela gula e voracidade. Seu esporte favorito era esmagar as cabeças dos gigantes que atormentavam os deuses. Quando brandia seu martelo, saíam raios seguidos de trovões. Isso, em Midgard, era prenúncio de tempestade, e os homens sabiam que Thor estava lutando com os gigantes que representavam perigo e ameaça.

Certa vez, Thor e Loki foram até Jotunheim (terra dos gigantes) para desafiar aqueles seres grotescos a uma disputa de força. Durante a longa e cansativa viagem, avistaram uma humilde casa onde pediram para comer e dormir por uma noite. Sentados à mesa posta com poucos e pobres alimentos, em companhia do anfitrião, da esposa dele e do filho Thialfi, o deus pediu ao garoto que fosse buscar seus bodes. Ali mesmo, matou os animais, assou e colocou na mesa para se fartarem. Thor advertiu que não roessem os ossos, pois os juntaria às peles e, na manhã seguinte, os bodes estariam vivos novamente e poderiam puxar sua carruagem para seguirem viagem.

Prontos para continuarem, Thor colocou Mjolnir em cima dos ossos e das peles dos animais e eles reviveram. A família, incrédula, assistiu ao milagre e bateu palmas, maravilhada com o poder do deus. Lá estavam os bodes vivos e inteiros, prontos para partirem. Porém logo Thor percebeu que uma das cabras mancava e ficou encolerizado. Voltou-se à família e ameaçou matar a todos caso não dissessem quem havia mastigado algum dos ossos dos animais. O casal prostrou-se pedindo perdão, pois sabia que o filho faminto havia puxado o tutano de um osso. Mas o furioso Thor exigiu que o menino o acompanhasse para servi-lo como criado.

Chegando a Jotunheim, Thor, Loki e Thialfi procuraram um lugar seguro para dormir e, ao amanhecer, desafiar os gigantes. Acharam uma caverna e entraram para ver se estava desabitada. Ao explorarem um pouco mais, viram que, ao fundo de um grande salão, a caverna se bifurcava em cinco direções. Achando o local seco e seguro, acomodaram-se na grande câmara da entrada.

No meio da noite, quando os viajantes dormiam profundamente, foram despertados por um terremoto, vários estrondos seguidos de sons ensurdecedores, mas, logo após, tudo voltou à calma novamente. Continuaram a dormir e despertaram, na madrugada, refeitos da viagem. Porém, ao saírem da caverna, deram de cara com um monstruoso gigante. Perceberam, então, que o terremoto fora causado pelos seus passos, e o barulhão pelo ronco do grandalhão. Enquanto cochichavam, decidiram sair de fininho antes do amanhecer. Só que o grandalhão despertou e gritou:

– Quem são vocês e o que fazem aqui? Estão perdidos?

– Estamos a caminho de Jotunheim – disse Thor, colocando a mão em seu martelo mágico.

– Sou Skrymir e vou me juntar a vocês; também vou a Jotunheim. – Olhando em volta, juntou suas luvas do chão, e os forasteiros viram, para a surpresa deles, que se tratava da caverna onde tinham dormido!

Skrymir colocou as provisões de sua mochila no chão para fazerem uma rápida refeição e, ao ver que cada um dos amigos também carregava as suas, falou para partilharem. Depois, pegou a comida e a água de todos e colocou dentro do seu saco e seguiram viagem.

Andaram o dia inteiro sem água e sem comida enquanto o gigante comia e bebia do farnel de todos. Os companheiros nada falaram com medo da monstruosa criatura. Ao escurecer, pararam embaixo de uma árvore para passar a noite. Skrymir deitou imediatamente para dormir, mas, antes de roncar, disse que eles podiam pegar a sacola e se fartar.

Faminto, Thor quis desamarrar os nós da mochila dos alimentos, porém estava tão bem amarrada que não conseguiu abrir um único nó. Irado e sem paciência, agarrou seu martelo e avançou sobre o adormecido gigante e desferiu um golpe em sua testa. A criatura abriu um olho dizendo:

– O que aconteceu? Acho que caiu uma pena destes pássaros pousados na árvore sobre minha cabeça. – E voltou a dormir.

Encolerizado, Thor disparou uma martelada ainda mais forte e, dessa vez, no topo da cabeça.

– Agora uma noz caiu na minha cabeça! – reclamou o gigante, incomodado. Porém, virou para o outro lado e adormeceu novamente.

Inconformado por não ter conseguido matar o gigante, deixou para tentar novamente ao amanhecer, quando estivesse descansado. Acomodou-se dizendo para Loki e Thialfi também se deitarem. Dormiram profundamente e, quando o sol despontou no horizonte, Thor levantou-se em um pulo, pegou Mjolnir e enterrou o martelo dentro da cabeça de Skrymir. Porém, mais uma vez, o gigante só sentiu um pequeno incômodo.

– Não estou com sorte embaixo desta árvore! – disse, levantando e bocejando. – Desta vez, um pássaro deve ter largado uma titica na minha cabeça.

Então, Skrymir gritou para todos se levantarem, dizendo que queria chegar logo a Jotunheim a fim de lá encontrarem os verdadeiros gigantes! Os demais estremeceram e seguiram viagem assustados e famintos. Caminhavam em silêncio.

Para surpresa de todos, à porta do mundo dos gigantes, a perversa criatura falou para os três entrarem, pois ele seguiria para o Norte. Aconselhou-os a não se portarem de forma presunçosa e arrogante, uma vez que os gigantes de lá eram mais fortes e mal-humorados que ele.

Chegando ao castelo dos gigantes de Utgard, os três foram recebidos pelo gigante e rei Utgard-Loki. Após rápidas apresentações, ele exclamou:

– Então você é o famoso Thor, senhor dos trovões, o matador de gigantes e o mais forte dos deuses?

Todos os gigantes no recinto gargalharam debochando daquele ser de pequenino tamanho. Os visitantes se entreolharam constrangidos. Somente Thor continuava altivo na sua postura de deus. Utgard-Loki continuou:

– Vou submetê-los a várias competições para provarem que são quem dizem ser. Juntem-se a mim, sentemos à mesa e cada um falará de sua maior habilidade. Loki, comecemos por você.

– Com a fome que tenho agora, só me sinto em condições de comer mais que todos vocês.

Logi, um dos mais fortes e esfomeados gigantes, aceitou o desafio e sentou-se em frente a Loki. Imensos pernis foram servidos nos pratos enormes dos gigantes. Dado o início da competição, os dois lançaram-se sobre os a carne. Enquanto Loki comia um pernil, Logi devorava também os ossos e o prato. A vitória foi dada ao gigante, e Utgard-Loki já lançou o próximo desafio.

Era a vez de Thialfi, que disse ser o mais veloz das criaturas, apostando que ninguém poderia vencê-lo. O gigante Huginn se propôs a enfrentá-lo em uma corrida. Colocados lado a lado, foi dada a largada. O criado de Thor estava na sua melhor forma física e, satisfeito, achou que já havia vencido a competição quando viu que Huginn já estava voltando, cruzando com ele, debochando e rindo:

– E aí, nanico? Isso é o máximo que consegue correr?

Mais uma vez, os gigantes saíram vitoriosos, e os três amigos se entreolharam, pouco à vontade. Não tiveram muito tempo para preocupações, pois o rei dos gigantes já encarou Thor e perguntou o que ele fazia de melhor. Como grande beberrão, o deus disse que jamais alguém conseguiria beber tanto hidromel quanto ele, nem tão rápido. Para testar a veracidade dessa declaração, Utgard-Loki propôs que o deus do trovão esvaziasse o maior corno de Jotunheim em um gole só.

Thor respirou profundamente e se pôs a sugar o hidromel, encheu a bochecha até quase estourar, mas o nível do líquido nem se mexeu. Dada outra chance, quase se afogou no líquido sagrado e, mais uma vez, não conseguiu esvaziar o recipiente. Os gigantes riram, caçoaram e disseram que Thor poderia tentar uma vez mais. O deus deu tudo de si, mas nada aconteceu. O corno ainda estava quase cheio! Derrotado, o matador de gigantes desistiu.

– Em consideração à sua fama de força sobrenatural, vou propor outro desafio para que não se sinta envergonhado. Levante do chão o meu gato de estimação e saia daqui vencedor – disse Utgard-Loki.

Confiante, Thor foi até o gato gigante para erguê-lo, porém mal conseguiu levantar uma das patas. Os gigantes se dobravam de tanto rir. Escarneciam da derrota do então considerado mais forte dos deuses.

– Sou pequeno, não sou um gigante, mas pergunto, qual de vocês está disposto a lutar comigo agora? – falou Thor, irado e nervoso.

– Aqui os fortes lutam apenas com os fortes, e não com fracotes como você. Todavia estou inclinado em me divertir mais um pouco. Companheiros, tragam minha velha ama Elli para lhe dar uma lição!

Atendendo às ordens de Utgard-Loki, Elli pisou no recinto. Muito idosa, com cabelos grisalhos e ralos, sorriu com uma boca sem dentes. Então, empurraram a velha e o deus do trovão para o meio do recinto a fim de dar o início à luta.

Thor aproximou-se com cuidado e temeroso em machucar a velhinha, arremessou-se sobre ela com cautela. Mas, para sua surpresa, a idosa se esquivou com a agilidade de um gato e ainda lhe aplicou um golpe que o tirou da competição.

Totalmente derrotados e envergonhados, Thor, Loki e Thialfi ficaram parados, lado a lado, com a cabeça baixa de tanta vergonha. Abatidos e cansados, aceitaram um lugar para repouso que o rei dos gigantes ofereceu.

Ao despertarem na manhã seguinte, prontos para partir, foram acolhidos com uma mesa farta para o desjejum. O chefe dos gigantes os convidou para o acompanharem na refeição. Nada animados, cabisbaixos e mudos, sentaram-se humildemente à mesa. Utgard-Loki perguntou se tinham gostado da hospitalidade e dos jogos. Os três responderam que nunca foram tão humilhados.

Após se alimentarem bem, o rei dos gigantes os acompanhou até fora do muro da cidade e disse que jamais havia recebido tão bravos competidores para suas disputas. Todos se entreolharam sem entender, e o gigante continuou:

– Agora que estamos fora da cidade, posso esclarecer tudo. Vocês foram enganados por minhas artimanhas durante todas as competições. Primeiro, na floresta, amarrei a mochila dos mantimentos com um nó encantado para que não conseguissem abri-la. Agilmente, consegui me livrar dar pancadas que Thor desferiu com o martelo, colocando minha cabeça embaixo daquelas colinas. Podem ver que estão rachadas.

- Espere aí! Então, você é Skrymir?

- Sim! Dentro do castelo, coloquei Loki para competir com o próprio fogo, o invencível deus arcaico Logi, que devora tudo. Thialfi correu com Huginn, o pensamento, e nada ou ninguém é mais rápido que ele. E, para Thor, ofereci um corno de hidromel que estava preso ao fundo do oceano, mesmo assim, conseguiu baixar a maré. O meu gato de estimação era, na verdade, Jormungand*, a enorme serpente do mundo e, ainda assim, conseguiu levantá-la um pouquinho. Minha criada Elli era, na verdade, a própria velhice, contra a qual nada se pode fazer.

Dito isso, Skrymir os parabenizou pelo desempenho e lhes desejou boa viagem. Thor, porém, estava vermelho de raiva por ter sido enganado e humilhado e brandiu seu martelo para matar o gigante. Mas, em um piscar de olhos, toda a fortaleza sumiu. O deus, irado, gritava furiosamente, contudo teve de se conformar de que a magia era mais poderosa que a força bruta.

* Filha de Loki e a giganta Angrboda. Uma enorme serpente que vivia no mar, circundava toda Midgard e segurava sua cauda com a boca. A maior inimiga de Thor.

CAPÍTULO 8

O caldeirão de Aegir

Aegir era um deus que também regia os mares, só que ele era o deus dos oceanos mais profundos. Controlava os ventos e as ondas e tinha uma força destruidora que os nórdicos chamavam de "mandíbulas de Aegir". Ele tanto podia ajudar como atrapalhar os marinheiros e era muito temido e respeitado.

Era de uma dinastia mais antiga e não se sabe se era vanir ou aesir. Pai das nove donzelas das ondas, era esposo de Ran. As donzelas das ondas eram conhecidas como as gigantas Gjalp (a que uiva), Greip (a que abocanha), entre outras.

Esse deus é descrito como um velho vigoroso de cabelos e barbas brancos, mãos fortes em forma de garras. Usava uma rede para recolher os afogados e as riquezas dos barcos naufragados, riquezas estas conhecidas como "fogo de Aegir".

Devido à espuma das ondas, o mar também era conhecido como "o caldeirão de Aegir". Em seu precioso caldeirão mágico, guardava seu hidromel. Tinha como principal forma de entretenimento ir a Asgard beber com os deuses.

Certa vez, Aegir foi convidado pelos deuses ases para um farto banquete em Valhalla e para levar seu caldeirão de hidromel. Ficou surpreso e muito feliz, mas disse que seu caldeirão era muito pequeno e não seria o suficiente para todos beberem. O guloso e insaciável Thor logo o acudiu, oferecendo-se para ir buscar um caldeirão maior em sua carruagem puxada pelos seus bodes voadores e disse que levaria Tyr com ele. Eles sabiam que o gigante Hymir tinha um caldeirão enorme, então foram a Jotunheim na esperança de que ele lhes emprestasse a preciosa bebida.

Chegando lá, a esposa de Hymir, a velha gigante que também era avó de Tyr, disse que o esposo não estava, mas não tardaria a chegar. Como ela sabia que o velho gigante era impulsivo e violento, pediu para os deuses se esconderem atrás dos caldeirões, assim ela poderia introduzir o assunto das visitas de forma suave.

No entanto de nada adiantou e, assim que Hymir soube da visita de Thor e Tyr, ficou encolerizado. Olhou para o esconderijo e estourou quase todos os caldeirões somente com o olhar. O maior recipiente de hidromel ficou intacto. *Nem tudo estava perdido*, pensaram os deuses.

Para acalmar o marido, a giganta pediu que fizesse o jantar para eles para respeitar o costume de bom anfitrião. Ele concordou, porém não sabia ainda a identidade das visitas.

Quando chegou com o jantar, viu os hóspedes à mesa e ficou irritado, mas conseguiu conter-se, evitando derrubar a comida. Conversaram descontraidamente.

O grandão ainda estava com raiva, mas não deixou os outros perceberem. Lá no íntimo, estava tramando alguma coisa para sacanear a dupla de deuses. Chegando a um plano, Hymir os desafiou para um teste de força para lhes dar o caldeirão. Desafiou Tyr, que também era conhecido pela sua grande força, a quebrar um enorme vaso.

Mesmo jogando o vaso contra a parede várias vezes, ele continuava intacto. Tyr estava cansado, frustrado e quase desistindo, quando a esposa de Hymir – e sua avó – sussurrou em seus ouvidos que somente a cabeça do seu marido era mais dura que o vaso. Mais que depressa, o deus jogou o vaso na cabeça da enorme criatura, e o objeto se despedaçou. Muito a contragosto, o gigante reconheceu sua derrota e deu aos deuses mais fortes de Asgard o que haviam pedido.

Satisfeitos, colocaram o caldeirão no carro de Thor e voaram para o banquete dos deuses. Mas o gigante ressentido mandou chamar seus irmãos para irem ao encalço dos deuses e matá-los. O filho de Odin, porém, percebeu e lançou seu martelo ao encontro deles e os matou. Vitoriosos, os dois amigos seguiram viagem.

Chegando a Asgard, seguiram ao Valhalla para se empanturrarem de comida e bebida. Entregaram o enorme caldeirão a Aegir, que a partir daquele dia ficou responsável por mantê-lo sempre cheio e fornecer o néctar dos deuses a eles.

CAPÍTULO 9

A queda de Idun

Idun* era a deusa guardiã das maçãs encantadas que os deuses comiam para não envelhecer, já que eles eram mortais.

Casada com Bragi (filho de Odin e Gunnlod - esse a seduziu quando foi roubar o hidromel), vivia em Asgard, no

---

* Idun era relacionada a festas de renovação, como Ostara e Festival de Yule. Ostara (*Ostern*, em alemão; *Easter*, em inglês - a nossa Páscoa) se dava no equinócio da primavera, que marca a volta do Sol, quando o dia e a noite têm a mesma duração. O Festival de Yule (um período que para nós engloba a Festa de Ação de Graças - *Thanksgiving*, o Advento, o Natal e o Ano Novo) festejava o agradecimento às colheitas, caças e vitórias, no período de mais um ano que se conseguira sobreviver (Ação de Graças); à espera do nascimento de um menino prometido (Advento), o deus da luz, iluminado e bondoso que nasceria no solstício do inverno, quando os dias passariam a ser mais compridos, portanto a luz do sol estaria nascendo (Natal); e a esperança de um recomeço (Ano Novo). A fábula de Ostara festejava a primavera, o renascimento, a ressurreição do sol e a fecundidade da terra; o período que tinham para agricultura, a caça, enfim, a busca dos alimentos do povo. Os símbolos para esta festa à fecundidade eram o coelho e os ovos. Entalhavam coelhos na madeira ou os

palácio Brunnaker. Idun exalava o frescor e a juventude de uma jovem donzela. Guardava zelosamente as maçãs da juventude em um baú e as distribuía diariamente aos deuses para que eles não envelhecessem ou morressem. Portanto, era amada por todos.

Um dia, ao fim da primavera, sentou-se em um galho de Yggdrasil e, de repente, sentiu-se fraca, perdeu o equilíbrio e caiu até o Helheim. Lá ficou aterrorizada e permaneceu paralisada pelo frio da sombria casa de Hela.

Logo os deuses se deram conta da sua ausência, e Odin ordenou que Bragi e Heimdal partissem à sua procura. Deu-lhes uma pele de lobo branco para agasalhá-la em seu resgate, pois deveria estar com frio.

Quando a encontraram, imóvel e pálida, no nível mais profundo de Helheim, recusou-se a falar ou a se mexer, somente deixou que o marido a envolvesse no manto de pele levada como agasalho. Abraçada a Bragi, chorava silenciosamente e ele, preocupado com a fragilidade da esposa, decidiu não sair de seu lado até sua total recuperação.

---

faziam de pano e pintavam ovos. Colocavam tudo em uma cesta como se fosse um ninho e, a fim de brincar com as crianças, escondiam os ninhos para que elas procurassem. Árvores também eram enfeitadas com ovos coloridos. O Festival de Yule (roda do tempo) era o período no qual agradeciam pelos alimentos para a sobrevivência, esperavam a vinda do deus menino e o início de uma nova roda da vida. O deus menino que nasceu chamou-se Baldur (filho de Odin, o pai de todos, e Frigga, sua esposa). Uma criança iluminada que traria paz, amor e despertaria a bondade nos seres. Para avisar a todos do nascimento do deus brilhante, Idun colheu um pinheiro que significava vida, pois era a única árvore que ficava verde durante o gelo do inverno. Enfeitou-o com suas maçãs da juventude, estrelas e neve, que deixava flocos brancos nos seus galhos. Thor, com seu manto vermelho e o cabelo e barba brancos pela neve, sobrevoava os céus com seu trenó puxado por suas cabras e lançava presentes que os elfos faziam para as crianças.

No início da primavera, ela se recuperou e passou a oferecer de novo, todos os dias, as maçãs da juventude para os deuses. Então Bragi, que estava triste com o estado da esposa, voltou a entoar suas canções e a tocar sua harpa.

Assim como no início do outono, quando começava a esfriar e as folhas caíam das árvores e depois eram cobertas pelo manto branco da neve, tudo voltava ao que era. Quando chegou de novo a primavera, tudo voltou ao que era na vida de Idun também.

As crianças de Asgard ficavam aborrecidas porque Idun não lhes dava maçãs. Então, essa bela deusa lhes distribuía ovos pintados de vermelho, dentro de caixinhas imitando seu baú, por ocasião da festa de Ostara (a nossa Páscoa). E na festa de Yule, nascimento de Balder (o nosso Natal), pendurava maçãs vermelhas comuns em pinheiros.

CAPÍTULO 10

O mito de Frey e Gerda

Frey, o deus da abundância, da virilidade e da fertilidade, ganhou Alfheim de presente do pai por ocasião da queda do seu primeiro dente de leite. Da casa vanir, era filho de Njord, o deus dos oceanos, e Erda, a mãe terra, e irmão de Freya.

Ganhou dos elfos da luz um navio mágico, ao qual deu o nome de Skidbladnir. Este barco, que poderia tanto caber no seu bolso ou ficar grande o suficiente para levar todos os deuses a navegar, deslocava-se para qualquer direção sem a necessidade de ventos.

Os símbolos deste deus (barcos, anéis, colares e pulseiras) eram usados em festejos de fertilidade e em uniões.

Frey também era soberano na arte de guerrear sem armas. Além disso, tinha o javali Gullinbursti com pelo de ouro que brilhava no escuro, que lhe servia de montaria, e uma espada luminosa e flamejante, com o poder de desferir golpes sob o comando da voz.

Este deus vanir foi cedido aos aesir na troca de reféns como parte do tratado de armistício entre os dois clãs. Sua aparência era de um homem, bonito, forte e viril, de cabelos e barba ruivos encaracolados, e com bondosos olhos verdes. Usava roupa branca, cinto e botas pretas de couro, e muitas pulseiras de prata.

Odin estava em uma de suas peregrinações pelo mundo quando Frey, bisbilhotando o palácio Valaskjálf, moradia do deus todo-poderoso, sentou-se no Hlidskjálf, o trono mágico. Como dele se via tudo, desde os recônditos mais afastados do universo de Yggdrasil até as grutas mais secretas, ficou horas se divertindo até avistar uma linda giganta pela qual se apaixonou instantaneamente.

Descobriu que ela chamava-se Gerda e era filha do gigante Gymir, primo de Surt, o temido gigante que personificava o próprio fogo. Pensava nela incessantemente, ficou doente de amor, porém não se sentia nada à vontade em falar com seu pai, o gigante Gymir.

Foi, então, que pediu a seu assistente, Skirnir, para viajar até Muspelheim. Ele deveria procurar a jovem e pedir-lhe que se casasse com seu amo. Porém Skirnir também temia os gigantes e pediu a poderosa e mágica espada e flamejante de Frey para enfrentar os gigantes do fogo caso necessário.

O deus da fertilidade, em uma atitude impensada, aceitou imediatamente e ainda ofereceu seu cavalo que pulava qualquer obstáculo para a viagem. Essa espada tinha um valor inestimável para os deuses. Ela tinha sido forjada pelos anões, os quais já lhes haviam forjado várias armas poderosas. Mas

Frey não conseguia raciocinar claramente devido ao tamanho da sua paixão, nem poderia prever que no Ragnarok essa espada lhe faria muita falta.

E Skirnir foi a caminho de Muspelheim para pedir a Gerda que se casasse com Frey. Chegando lá, dirigiu-se ao castelo de Gymir. Quando se aproximou, viu que a morada estava cercada por um muro de altas labaredas de fogo. Surpreso, apeou do cavalo e seguiu a pé, cauteloso, segurando as rédeas de sua montaria.

Determinado a passar por mais esta provação pelo seu amo, murmurou algumas palavras no ouvido do cavalo, que assentiu com a cabeça. Montou novamente e, tirando uma distância, galoparam em uma corrida e pularam destemidamente por cima das chamas.

Uma vez dentro dos muros do castelo, cães do tamanho e da ferocidade de lobos vieram ladrando e correndo em sua direção. A matilha os cercou, e Skirnir ordenou à espada mágica que o defendesse daqueles monstros. Ela saltou para fora da sua bainha prateada e, envolta em chamas, matou os monstros em forma de cães.

O barulho chamou a atenção de Gerda, que foi ver o que estava acontecendo. Ao ver todos seus cães mortos, alarmou-se ordenando ao forasteiro que se identificasse imediatamente e dissesse por que estava ali.

– Venho de Asgard, em nome do poderoso deus Frey – disse o fiel servidor.

– Pois entre, mensageiro – respondeu a formosa giganta de cabelos dourados.

Uma vez em frente à amada de seu senhor, Skirnir respondeu ao seu olhar de interrogação:

– Serei breve, princesa. Meu amo quer sua mão em casamento e quer que já me acompanhe até Asgard para realizar as bodas.

Gerda era a donzela mais cobiçada da época devido à sua enorme beleza. A mensagem a deixou muito convencida, até um pouco arrogante, e respondeu:

– Casar-me com Frey? Por acaso ele esqueceu que matou meu irmão em uma contenda há algum tempo? Ou ele achou que eu esqueceria?

Skirnir, que nada sabia a respeito, foi pego de surpresa e se sentiu desarmado, sem saber o que dizer. Respirou fundo, refez-se rapidamente e continuou:

– Gentil donzela, leve em conta que há algum tempo Frey era ainda muito jovem, mas agiu em defesa própria – arriscou. – E eu ainda nem tive tempo de lhe dar os presentes que ele mandou como cortesia.

Então, ele lhe mostrou seis maçãs mágicas de Idun e o anel Draupnir de Odin. Indiferente às prendas, a jovem respondeu:

– Jovem forasteiro, mate sua sede e sua fome e descanse. Quando estiver refeito, volte e diga a seu senhor que não me casarei com ele.

O fiel assistente de Frey perdeu a paciência com Gerda, a quem avaliou como uma garota muito mimada, e a ameaçou com um pavoroso feitiço:

– A luxúria tomará conta de seu corpo, mas homem nenhum vai querer se aproximar de ti. A fome corroerá seus ossos, pois todo alimento terá o gosto da água do mar. Serás obrigada a se casar com um monstro de três cabeças. Seu fim será na mais dolorosa solidão. De desgraça em desgraça, vai se transformar em uma repulsiva feiticeira e será expulsa de todos os mundos.

Gerda arregalou os olhos assustada e cedeu. Concordou em se casar com Frey, porém pediu em troca a espada e o cavalo dele, além de um prazo de nove dias e nove noites, a fim de se preparar para as núpcias e encontrar o noivo no bosque de Barri.

Confuso e cansado pelo bate-boca com Gerda, Skirnir concordou, mas, durante sua viagem de volta a Asgard, estava com o coração pesado pela perda da preciosa espada, temendo que, um dia, os gigantes Gymir, o pai da moça, ou Surt, o seu tio, pudessem usá-la contra os deuses.

Porém, para seu alívio, Frey ficou mais contente com o casamento do que furioso com a perda da espada. Lamentou a espera para o casamento, mas se conformou quando lhe ocorreu que poderia ser um bom sinal o fato de ela querer se preparar para o grande dia.

Realmente, no dia combinado, Gerda estava à espera ainda mais linda e deslumbrante do que no dia em que Frey a vislumbrou do trono mágico de Odin. A giganta se dobrou para a beleza e o charme do deus e se apaixonou assim que pousou os olhos nele. Casaram-se e foram felizes.

CAPÍTULO 11

O resgate de Loki

Loki, o trapaceiro, tinha o dom de se meter em encrenca e colocar os deuses em situações de risco.

Desta vez, "pegou emprestado" o casaco de falcão de Freya, que permitia, a quem o vestisse, voar como a ave de cujas penas fora confeccionado. Então, ele voou e voou até se cansar.

Escolheu um dos piores lugares para pousar: o muro do castelo do gigante Geirrod, que achou o pássaro muito estranho e mandou um criado apanhá-lo, temendo que fosse um espião. Examinando a estranha ave, mandou o indivíduo se revelar ou seria preso em uma gaiola. Loki permaneceu calado e ficou preso em uma gaiola por três meses. Percebendo que não tinha como se livrar desta situação, revelou-se e tomou sua forma original. Surpreendeu a todos que estavam presentes, mas o gigante sorriu maliciosamente.

Planejando tirar proveito da situação, Geirrod mandou um mensageiro dizer a Thor que se apresentasse sem suas armas para resgatar Loki e o manto de penas de falcão que pertencia a Freya.

Thor se colocou em direção a Jotunheim. No caminho, uma giganta de nome Grid o alertou dos perigos que estava correndo e lhe emprestou as suas próprias armas: um bastão mágico, um cinturão e luvas de ferro.

Sentindo-se mais seguro, Thor retomou seu caminho rumo ao castelo de Geirrod. Após longa caminhada, alcançou as margens do rio Vimir. Como não havia embarcação alguma à disposição e não sabia nadar, teve de se arriscar a atravessá-lo a pé.

Quando estava no meio do leito do rio, ficou aliviado ao perceber que era possível atravessá-lo. Porém, um pouco adiante, percebeu que a água estava subindo.

Viu, na margem onde queria chegar, uma giganta de nome Gjalp (filha de Geirrod) brincando, o que gerava ondas. Thor estava prestes a se afogar. Enfurecido, o deus do trovão e do raio lançou uma pedra na cabeça de Gjalp. Ela caiu para fora do rio, para o lado da praia, e o peso do seu corpo empurrou para a corrente do Vimir um tronco de uma sorveira. Thor agarrou-se nele e aportou na margem um pouco mais abaixo.

Quando chegou ao castelo de Geirrod, ele lhe ofereceu uma cadeira com o teto forrado de lanças. Confiante de que tinha a situação sob o seu controle, sentou-se, porém logo percebeu que a cadeira estava sendo empurrada para cima, bem devagar. Forçou a descida com ajuda do bastão mágico de Grid, esmagando as costas de outras duas filhas do gigante que estavam empurrando a cadeira para espetá-lo nas lanças.

O anfitrião entrou no salão e jogou uma bola de ferro incandescente para o deus, mas ele a apanhou com as luvas de Grid. Tendo o intento falhado, o agressor se escondeu atrás de uma das pilastras do castelo, e foi contra este pilar que Thor esmagou a cabeça do ladino gigante, livrando-se dele de uma vez por todas.

Thor localizou Loki em um dos porões. Pegaram o casaco de Freya e dirigiram-se de volta ao lar. No caminho, Thor aproveitou para dar uma lição de moral no amigo por causa de todos os perigos que o fez passar. Mas Loki era o deus das artimanhas também e logo achou um modo de distrair o deus.

CAPÍTULO 12

O colar de Freya

Freya, a mais gloriosa e brilhante das deusas nórdicas, era também a mais bela e a mais desejada. "A senhora" era deusa do amor, da ternura e da sedução. Da casa vanir, era filha de Njord e Erda e foi cedida aos deuses aesir, junto com seu pai Njord e seu irmão Frey, como parte do armistício firmado entre as duas casas de deuses.

Chegando a Asgard, os deuses ários ficaram tão impressionados com a beleza dela que lhe deram um dos melhores e mais cobiçados locais para morar: o palácio de Sessrúmnir, na planície de Folkvangr.

Foi casada com Odr, pai de suas filhas Hnoss e Gersemi. Regente da fertilidade e magia feminina, era muito vaidosa; amava joias, coisas raras e peças de poder. Adorava se sentir livre para viajar pelo mundo e colecionar aventuras. Freya se locomovia com sua carruagem movida por dois maravilhosos gatos brancos chamados Tregul (âmbar ou ouro da árvore) e Bygul (mel ou ouro de abelha). Também usava um casaco de penas de falcão para voar.

Na guerra, usava armadura, escudo, espada e elmo de ouro branco com detalhes dourados. Conduzia as Valquírias, com autoridade cedida por Odin, e levava as almas das guerreiras mortas em batalhas para os salões de Sessrúmnir.

O gosto de Freya por joias de ouro e pedras preciosas despertou, inicialmente, a cobiça nas demais mulheres e deusas e, depois, também nos homens e deuses. A princípio, o ouro era usado apenas como um metal para fazer objetos mágicos e ritualísticos, mas, então, passou a ser usado também para fazer joias, objetos de ostentação e sedução.

Uma das primeiras joias que Freya mandou fazer foi o colar mágico Brisingamen para despertar o amor e o florescimento da abundância. Não haveria de ter outro igual no mundo. Seria exclusivo em beleza e poder. A deusa da beleza e sedução foi até os anões Brisings e o encomendou. Quando pronto, a deusa da paixão foi vê-lo e teve suas expectativas superadas. O colar ficou lindo e com um forte apelo feminino. Tinha âmbar, pedras do sol, olho de gato e de falcão, além de runas formando seu nome. Porém o preço cobrado pelos ourives era alto! Exigiram uma noite de amor com ela.

Enfeitiçada pelo colar, não conseguia parar de olhá-lo nem raciocinar. Sem tirar os olhos da joia que exercia um poder hipnótico sobre ela, perguntou:

– Como? Uma noite de amor com os quatro?

– Um de cada vez – respondeu um dos anões.

Freya disse que o preço era muito alto, mas seus olhos diziam o contrário. Olhava o colar de cima abaixo, de lado a lado, sentia seu gosto, sentia seu perfume e seu poder. E os anões perceberam que ela pagaria o preço no fim. Então, permanecerem irredutíveis.

– É a condição para possuir este colar ou ofereceremos a outra deusa.

Fascinada, ela não despertava do sonho e, sem tirar os olhos do objeto de desejo, concordou.

– Está bem, está bem... Terão de guardar segredo, assim também não revelarei o desempenho de cada um. Qual será o primeiro a desfrutar dos meus braços?

Atrapalhados e ansiosos, não conseguiam chegar a um acordo. Então, tiraram a sorte em um joguinho para decidir qual seria o primeiro. Sim, sorte! Não estavam acostumados a passar uma noite de amor com uma deusa! E, assim, ela tomou nos braços cada um deles com a imagem do sedutor colar na cabeça, o que serviu de afrodisíaco. Envolveu cada um deles com carinho e admiração e passaram uma noite inesquecível.

CAPÍTULO 13

O roubo das maçãs de Idun

Idun era a deusa da juventude e da primavera e guardiã do pomar das maçãs da juventude. Os deuses eram mortais e, para não envelhecerem, ela colhia as maçãs todos os dias, colocava em um baú e as oferecia às divindades, que ficavam gratas e revigoradas.

Houve uma ocasião em que Odin, Loki e Hoenir (um deus antigo, tímido, calado e misterioso) estavam explorando as montanhas próximas à fronteira de Jotunheim, o mundo dos gigantes de gelo. Há dias estavam em uma região inóspita onde não achavam comida. Ao longe, ouviram um som que parecia ser mugido de gado. Imediatamente, Loki correu e avistou alguns bois selvagens. Alcançou-os, caçou o maior deles e levou até os companheiros que já estavam preparando o fogo e um espeto para assar a carne.

Depois de espetar o boi, acomodaram-se ao redor da fogueira para se aquecerem, esperarem a carne assar e contarem alguns causos. Loki, o mais falador de todos, estava mudo de fome; Hoenir não costumava falar mesmo; e Odin, que se alimentava apenas de hidromel, era o único disposto a falar. Com um corno do elixir dos deuses na mão, começou a contar uma de suas aventuras: a visita ao gigante Vaftrudener.

– Aconselhado por Frigga fui
Disfarçado de Gangleri, o andarilho
A um teste o gigante indaguei
Vaftrudener perguntou do caudilho
Montado no cavalo do Sol
Montado no cavalo da Lua
Sobre os rios que separam os mundos
Do local da última batalha.
Respondi e também perguntei
Da origem do céu e da terra
Dos atributos da Nornas
Sobre o que é o Valhalla
Sobre o que haverá no fim.
Prontamente o gigante falou,
Mas quando de Balder indaguei
O que sussurrou o pai ao ouvido
Do morto, antes de a pira acender
Vafthrudener me descobriu.

– Vejam! Vejam! A carne não está assando! – gritou Loki que não tirava os olhos da comida, hipnotizado de tanta fome. – Estou sentindo um vento que vem das árvores acima. Será este o motivo? É estranho... O vento está direcionado exatamente para a carne...

Nisso, o vento aumentou e apagou o fogo. Uma voz estranha vinda do escuro, do alto das árvores, falou:

- Se me deixarem servir quando estiver pronta, eu deixo a carne assar.

Finalmente Hoenir, que permanecera mudo até então, falou:

- Se apareceres, podemos fazer um trato.

E uma águia se apresentou, aproximou-se batendo suas asas enormes e pousou em um tronco caído para que os deuses pudessem vê-la. Eles sabiam que não se tratava realmente de uma águia, mas alguém disfarçado. Antes que Odin ou Hoenir pudessem indagar a respeito, Loki, que não queria compartilhar a refeição, pegou um pedaço de madeira do chão e jogou no pássaro avantajado. Em vez de matá-lo, o porrete ficou preso nas suas costas. Ele levantou voo e arrastou Loki, que ficou preso ao bastão.

Voando alto e perigosamente, a águia fazia Loki esbarrar e bater contra os rochedos, copa das árvores e tudo que fosse possível. Indefeso e machucado, ele pediu clemência. Mas a águia, que na verdade era um gigante disfarçado, resolveu tirar vantagem e exigiu, em troca da liberdade de Loki, a deusa Idun e suas maçãs mágicas.

O malandro sabia que o preço era altíssimo, mas, depois de fazer várias tentativas de negociar e o gigante continuar irredutível, Loki disse que levaria Idun para ele se deixasse o boi assar para matar sua fome. O gigante disfarçado de águia falou que primeiro queria a deusa e as maçãs.

Não tendo escolha, Loki foi até o pomar onde Idun cuidava das macieiras e colhia as belas maçãs da juventude para atraí-la até o gigante. Falou algo sobre ter visto maçãs ainda mais bonitas que as dela em outro pomar. Indignada, ela aceitou ir até o local para ver. E foi assim que Loki entregou a bela e frágil deusa a Thjazi ao gigante disfarçado de águia que a agarrou com suas garras assustadoras. Enquanto ela gritava por socorro, levou-a até Jotunheim.

Loki voltou a se reunir com os deuses que estavam preocupados com sua sorte. Todo machucado, pousou de coitado com os companheiros que já haviam reacendido o fogo e assado a carne. Ao tirá-la do espeto, a águia, que também já havia voltado, mergulhou e pegou para si a maior parte do boi e voou tão rápido que sumiu no ar. Os três se entreolhavam boquiabertos com a desfaçatez do pássaro. O primeiro que se recobrou do estado de choque foi Hoenir, que saiu do seu mutismo:

– Vamos comer; nada mais nos sobra no momento.

Voltaram para Asgard e procuraram por Idun. Há alguns dias, os três estavam sem comer suas maçãs por causa da viagem, já se sentiam envelhecidos e fracos.

Procurando por Idun para se restabelecer com suas frutas milagrosas, Odin descobriu que Loki a havia entregue para Thjazi e o ameaçou de morte se não a resgatasse imediatamente.

Aterrorizado, o causador de encrencas pediu emprestado o casaco de penas de falcão a Freya e voou até Jotunheim. Nem Thjazi nem sua filha Skadi estavam em casa, o que permitiu que ele entrasse no castelo para procurar por Idun. Entoou runas para localizar a frágil criatura e pronunciou um encantamento que a transformou em uma noz. Segurou-a com suas garras de falcão e saiu voando rapidamente.

O gigante que voltava ao castelo avistou o falcão com Idun nas garras, metamorfoseou-se em águia e saiu em seu encalço. Todos os deuses estavam reunidos no pátio de Vigrid, alarmados e na espera de que Loki voltasse com a deusa e suas maçãs.

Odin avistou as duas aves e ordenou aos deuses para fazerem uma fogueira. O falcão fez que mergulhou no fogo, mas se desviou a tempo. A águia, que o seguia tão focada, não desviou e queimou até a morte. Nas cinzas, só restaram os olhos, que Odin colocou no bolso do seu manto.

CAPÍTULO 14

O casamento de Njord e Skadi

Njord era um deus vanir, cedido aos aesires com seus filhos Frey e Freya por conta do armistício de uma guerra entre os mundos dos deuses, que já durava havia anos.

Deus do mar, dos ventos e da riqueza no fundo do mar, morava em Noatun (recinto dos navios) e concedia a seus súditos ventos favoráveis na pesca e nas viagens marítimas, além de abundância na pescaria. Seus atributos, como os de todos os deuses vanires, eram ligados à abundância, fertilidade e natureza com seus elementos, como terra, água, ar, metal e, no seu caso, o vento.

Era irmão de Erda e, com ela, regia a sabedoria oculta, as misteriosas profundezas da terra e do mar, onde seus reinos se uniam e geravam vida. Também geraram juntos os gêmeos Frey e Freya.

Njord era considerado uma figura máscula bonita, com barba e cabelos grisalhos e revoltos, olhos azuis e peito nu parcialmente coberto por um colete verde. Usava uma coroa de conchas, tinha pés descalços e uma calça de pescador.

Na história do casamento de Njordi e Skadi, estão envolvidos Odin e Loki na perseguição do gigante Thjazi e a recuperação de Idun, a deusa da primavera e guardiã das maçãs da juventude – aventura contada em "As maçãs da juventude eterna".

Naquela ocasião, Odin atraiu o gigante, pai de Skadi, para a fogueira a fim de salvar Loki, e esse acabou morrendo. Então, a filha, sedenta por vingança, vestiu sua armadura elmo, tomou sua espada e sua lança e partiu para Asgard para vingar a perda do pai e exigir que fosse seguida a tradição do ressarcimento em troca do crime de Odin.

Apesar do pai horrendo, Skadi era linda, atraente e sedutora. Supondo que seria vaidosa, os deuses ofereceram ouro para joias, mas Skadi recusou. Então, ofertaram um deus como marido e, a princípio, ela recusou. Mas, refletindo melhor, disse que faria o trato se conseguissem aplacar sua raiva fazendo-a sorrir.

Loki, sempre pronto para armar confusões, também se considerava muito engraçado e começou a fazer brincadeiras e palhaçadas, mas ela continuava de mau humor. Porém, quando ele amarrou seus testículos à barba de um bode, permitindo ser arrastado, Skadi gargalhou, descontraiu-se e aceitou o trato, desde que pudesse escolher o marido, pois tinha uma queda pelo lindo Balder, deus da luz.

Foi combinado que ela poderia escolher o marido vendo apenas os pés do candidato. Ela protestou, pois desejava vê-los por inteiro. Não houve acordo, então ela escolheu aquele com os pés perfeitos, que imaginava ser do deus mais bonito, ou seja, Balder.

Quando foi tirada a cortina que deixava à mostra apenas os pés dos candidatos, ficou decepcionada em ver que os pés eram de Njord. Mas, como havia assumido um compromisso, desposou o deus do mar.

A cerimônia foi celebrada. Skadi, maravilhosa em sua armadura prateada e brilhante, com sua túnica branca, botas de pele branca, e Njord, elegante em seu traje costumeiro. Para deixar a bela gigante mais contente, Odin colocou os olhos do seu pai nos céus para brilharem como duas luminosas estrelas. Feliz com o presente e contente com seu marido, fizeram sua lua de mel ali mesmo, em Asgard.

Passada a lua de mel, o casal partiu para Noatun, morada de Njord. Skadi não gostou do ambiente monótono e cinzento embaixo do mar. Ficou deprimida, com saudade da sua moradia nas montanhas, das florestas de pinheiros verdes, das cachoeiras, da imensidão branca da neve onde podia esquiar e pediu a separação do seu marido.

O deus dos mares e do vento respondeu com uma proposta para salvar o casamento. Ela ficaria meio ano em Noatun, e a outra metade Njord a acompanharia até sua terra natal, Jotunheim. Ela aceitou, mas quem não conseguiu manter o combinado foi ele, que voltou para casa, irritado com o uivo dos lobos, o vento cortante e o frio das geleiras na terra dos gigantes.

A separação foi inevitável, pois a incompatibilidade dos dois era enorme. Njord era padroeiro do verão e das riquezas do mar, enquanto Skadi era a padroeira do inverno, da neve e das geleiras. Assim, cada qual foi viver em seu lar.

CAPÍTULO 15

Geirrod e Agnar

Todos os deuses tinham enorme curiosidade a respeito da humanidade: costumes, vida social, vestimentas, alimentação, enfim, tudo! Absolutamente tudo os fascinava. Mas Odin era o mais aficionado de todos. Do seu trono mágico, observava o desenrolar da vida e das histórias de várias pessoas que, particularmente, despertavam sua curiosidade. Era natural que Frigga, sua esposa, também passasse grande parte do tempo livre ali também.

Um dia, chamou-lhes a atenção a situação de dois meninos que saíram sozinhos para pescar com a autorização do pai. Geirrod, o mais velho deles, tinha dez anos, seu irmão, Agnar, oito. Os dois eram filhos de um rei que se chamava Hrauding.

Odin e Frigga ficaram preocupados por dois meninos tão novos irem pescar de barco sozinhos e ficaram observando aflitos, pois uma tempestade estava se armando repentinamente. Eles não podiam interferir na vida dos humanos porque Odin havia lhes dado livre-arbítrio.

O vento se aproximava rapidamente. O rio levantou ondas e começou a chover forte. Apavorados, os meninos já não conseguiam controlar a embarcação. A correnteza e as ondas do rio levaram o barco deles a se chocar contra a praia de uma ilha. Na margem, um casal de velhos observava preocupado. Eles correram para salvar os meninos e os levaram para sua casa, deram-lhes roupas secas após um banho quente e ofereceram uma boa e farta refeição.

Sentaram-se todos à mesa, e a mulher perguntou quem eram eles e como foi que tudo aconteceu. Geirrod, o mais velho, apresentou-os, mas guardou segredo sobre o fato de serem filhos de um rei. Contou que o pai os autorizara a sair de barco para pescar. Nem eles nem o pai haviam visto que se armava um temporal. O casal lhes ofereceu hospedagem, comentou entre si a imprudência do pai e assumiu uma postura protetora, tratando-os como filhos.

Na verdade, o casal era Odin e Frigga disfarçados. Ele se afeiçoou a Geirrod e lhe ensinou a usar as armas. Frigga gostava mais de Agnar, e os dois passavam o dia brincando. O menino a seguia o dia inteiro, até ajudava nas tarefas domésticas que Odin havia deixado somente nas mãos da esposa, já que passava o dia ensinando ao outro menino a arte da guerra.

Passada a estação das chuvas e o inverno rigoroso, os deuses construíram uma nova embarcação para os jovens voltarem para casa. No fim da primavera, o barco ficou pronto e, com o coração pesado, despediram-se. Ficaram observando os meninos até sumirem no horizonte. Quando chegavam perto da margem da terra natal, Geirrod pulou na água, e o bote afastou-se da margem e foi levado pela correnteza.

Geirrod seguiu o caminho de casa sem se incomodar em tentar salvar o irmão. Falou ao pai que havia se perdido de Agnar. O rei procurou desesperadamente pelo filho e, como não conseguiram achá-lo, foi considerado morto. O sofrimento e a exaustiva busca pelo filho envelheceram o rei a tal ponto que ele definhou e faleceu, o que ocasionou a coroação do herdeiro ainda muito jovem.

Depois de muitos anos, Odin e Frigga decidiram olhar como estavam seus antigos pupilos. Fizeram uma aposta: o deus falou que Geirrod era o melhor, e a deusa apostava em Agnar. Viram que o menino que havia se tornado um homem, agora era rei e vivia na opulência. Agnar voltara ao reino e vivia no anonimato, de maneira simples, honesta e honrável.

- Veja, Odin, como seu pupilo é vaidoso, arrogante e impiedoso com seus súditos.

O deus todo-poderoso decidiu provar para a esposa que não era tão mau, pois respeitava a maior tradição do povo nórdico, o da boa hospitalidade. Disfarçou-se de Grimnir, um velho. Vestiu-se de maneira muito humilde, com seu manto cinza e seu chapéu com uma grande aba que caía sobre o olho perdido, para que ninguém o reconhecesse.

Bateu à porta do castelo e apresentou-se de acordo com o seu disfarce. Pediu comida e um lugar para descansar e se refazer da viagem. Geirrod o interrogou exaustivamente, mas ele se recusou a responder qualquer pergunta dizendo que estava muito cansado e que poderiam conversar no dia seguinte, durante o desjejum. O rei ficou cismado e desconfiou que poderia se tratar de um bruxo ou espião. Mandou amarrar

Odin entre duas fogueiras sem comer, beber e falar, por nove dias e nove noites.

Agnar viu o que se passava e sentiu compaixão por aquele homem que sofria. No nono dia, não aguentou e se sentiu na obrigação moral de fazer alguma coisa. Mesmo com medo de ser reconhecido, levou a Odin um corno de hidromel. Ele recuperou suas forças e, quando o rei Geirrod apareceu para se divertir com a tortura do velho de Grimnir, Odin começou a cantar em runas um encantamento de morte do cruel monarca.

No início, cantava baixinho e, a cada instante, foi aumentando o tom da voz, o que irritou Geirrod. Mas, no fim, as correntes que o prendiam romperam-se e Odin retomou sua forma resplandecente de deus. O irritadinho, que já havia puxado a espada para cortar a cabeça do cantor desaforado, tropeçou, caiu e morreu pela sua própria espada.

Odin, então, reconheceu que havia perdido a aposta com Frigga e que havia sido injusto com Agnar. Para compensar, o deus o proclamou rei e abençoou seu reinado com prosperidade, prometendo vida longa ao novo monarca.

CAPÍTULO 16

O roubo de Mjolnir

O martelo Mjolnir era a arma preferida de Thor. Também conhecida como "a esmagadora", era a arma mais temida dos Nove Reinos. O deus a usava com frequência e não saia de casa sem ela e sem o cinturão mágico que permitia com que o martelo voltasse sempre para seu dono.

A arma era seu excelente recurso de defesa e ataque, principalmente para esmagar o crânio dos gigantes, seus maiores inimigos. Todos os deuses contavam com sua eficiência para defendê-los. Ela não errava seu alvo e voltava sempre para as mãos do dono. Aplainava montanhas e era usada em várias cerimônias.

Certo dia, o deus dos trovões e dos relâmpagos despertou pela manhã e deu falta do martelo mágico. Perguntou a todos os deuses, porém eles não o tinham visto e não faziam ideia do que poderia ter acontecido.

Thor chamou Loki para ajudá-lo, que deu a ideia de procurarem uma feiticeira para saber onde o martelo mágico forjado por anões se encontrava. A maga invocou seus poderes e conseguiu visualizá-lo nas profundezas de Jotunheim, abaixo do castelo do gigante Thrym. Thor ficou furioso:

– Este maldito sempre cobiçou Mjolnir – disse. – Loki, preciso da sua ajuda para recuperá-lo. Temos de ir à terra dos gigantes e reavê-lo.

Loki era muitas vezes corajoso e muitas vezes não. Desta vez, foi covarde e disse:

– Acho que tenho outras coisas para fazer... Talvez ajudar Odin em alguma tarefa corriqueira...

– Loki! Deixe de arrumar desculpas! Você é minha esperança, nós sempre nos ajudamos. Lembra de que fui resgatá-lo no castelo do gigante Geirrod quando ele o aprisionou e nem mesmo o alimentou?

Loki ficou vermelho de vergonha. Gaguejando, tentou se livrar da situação, mas, no fim, acabou cedendo.

Ele era irresponsável, encrenqueiro, mas também era companheiro e ajudava os deuses. Sua ligação com eles era muito forte, pois tinha um pacto de sangue com Odin e foi morar entre eles, em Asgard.

Assim Loki foi até Fólkvangr, no castelo de Freya, e pediu emprestado, novamente, o casaco de penas de falcão e voou até o palácio do riquíssimo gigante Thrym. O gigante admitiu estar com a arma, mas, para devolvê-la, exigiu a deusa Freya em casamento. Eles não podiam entregá-la.

Ao chegarem a Bilskirnir, castelo de Thor, Loki disse ao deus dos trovões que eles precisavam de um plano e ninguém melhor do que ele mesmo para elaborar planos. Lógico que o malandro já havia pensado em algo, mas não disse nada e deixou o companheiro de aventuras pensar em algo, porque tinha o palpite de que ele não iria concordar com seu plano mirabolante.

Thor não era nada criativo, era um ser muito prático e não conseguia pensar em algo. Então, Loki falou:

- Thor, você precisa se fantasiar de Freya, e eu, de sua acompanhante. Você finge se casar com o gigante idiota e, no desenrolar dos acontecimentos, vamos agindo na medida do possível para resgatar Mjolnir e salvar nossa pele.

- Que plano perigoso! Sou o deus mais forte, mas contra os gigantes não sou nada sem o martelo. Se nos descobrirem, eles nos matam na hora!

- Você tem um plano melhor?

O deus assentiu e concordou com as fantasias. Freya os ajudou a se vestirem adequadamente. Vestiu Thor de vermelho, a cor das noivas nórdicas. Colocou enchimento nos seios e cobriu seu rosto com um véu. Depois de tudo pronto, ficou entusiasmada com sua perfeita obra e exclamou:

- Thor! Tu estás linda!

Thor, que tinha um pavio muito curto, enfureceu-se, partiu para cima da deusa e acabou partindo seu precioso colar Brisingamen. A confusão estava feita! Freya não era de aceitar desaforos e entrou em um corpo a corpo com ele. Loki se colocou entre eles e conseguiu separá-los depois de ter levado uns tabefes também.

– Suas crianças! Vamos parar de brigar e nos concentrar no nosso objetivo! Freya, eu também preciso de uma fantasia e quero ficar bonita!

Thor se acalmou, Freya vestiu Loki também e, então, “as duas companheiras” seguiram viagem.

Quando chegaram ao castelo de Thrym, o gigante ficou eufórico e mandou preparar o banquete do casamento. O deus disfarçado apresentou sua dama de companhia, e ela também foi convidada para a opulenta refeição. Sentados à mesa, lado a lado, a noiva se esqueceu do papel que estava representando e não controlou sua gula, comendo um boi inteiro e mais oito salmões. O noivo estranhou e indagou:

– Bela Freya! Como consegue manter tão bela figura comendo tanto?

Temendo que o desastrado deus estragasse tudo, Loki interferiu:

– Ela estava tão ansiosa com os preparativos do casamento que não comeu por nove dias. Aqui, em companhia do noivo, já está mais à vontade.

O gigante levantou o véu da noiva para beijá-la e se assustou com o brilho feroz dos olhos dela. Loki se adiantou novamente:

– Sabe como são as mulheres... Ela é uma deusa, mas também é uma mulher... Não conseguiu dormir de tanta ansiedade, por isso está com os olhos vermelhos.

Vislumbrando um desastre em toda encenação, Loki resolveu apressar a cerimônia antes de serem descobertos.

– Por favor, tragam logo Mjolnir para realizar as bodas, a noiva está muito ansiosa para as núpcias.

Thrym mandou trazer o martelo e o colocou no colo da noiva. Era o costume nórdico para selar o matrimônio. Mais que depressa, Thor empunhou a arma e esmagou a cabeça do pretensioso gigante e de todos os demais que tentaram vir em socorro da criatura.

CAPÍTULO 17

O duelo de Thor com o gigante Hrungnir

Thor tinha partido para mais uma de suas incursões em Jotunheim para praticar seu esporte favorito: matar gigantes. Seu pai, o deus Odin, aproveitou a ausência do filho para procurar confusão. Vestiu seu traje de guerra com seu elmo de ouro, pegou seus corvos e seus lobos, montou Sleipnir e partiu também para terra dos gigantes de gelo, indo até o palácio do gigante Hrungnir, o briguento.

Do terraço de seu castelo, Hrungnir avistou Odin e lhe perguntou:

– Quem vem com elmo de ouro e cavalga pelo ar e acima das águas? Muito bom esse seu cavalo de oito patas, mas meu cavalo Gullfaxi é muito mais veloz.

– *Olá ogro soberbo,*

Pois minha cabeça aposto,

Em uma corrida lhe venço
De poeira te alimentarás!

Vermelho de raiva, Hrungnir saltou dali mesmo sobre seu cavalo e se pôs a correr atrás daquele fanfarrão.

– Seu cavalo é veloz, mas verás que meu Gullfaxi corre ainda mais. Verás que te pego, Odin, e finalmente terei sua cabeça.

Sleipnir, o cavalo mais veloz do universo de Yggdrasil, tinha grande vantagem com suas oito patas. Mas Odin subestimou o poder de um gigante enfurecido. Hrungnir estava possuído e, sem que o deus e seu cavalo percebessem, ultrapassou os adversários, entrando em Asgard antes deles.

Chegando lá, os deuses ficaram surpresos com a visita do gigante, mas a lei da boa hospedagem os obrigou a convidá-lo para entrar e beber com eles. Pegaram os cornos que Thor usava como copos e se puseram a brindar.

Já bêbado, o gigante se tornava cada vez mais inconveniente. Começou a zombar dos deuses e lhes fazer ameaças. Disse que iria roubar Valhalla e levá-la consigo a Jotunheim; que arrasaria Asgard, matando todos os deuses; e levaria Freya e Sif, esposa de Thor, para sua casa, fazendo-as suas mulheres. Disse também que, daquele momento em diante, Freya deveria servir-lhe o hidromel, e que ele beberia todo o reservatório deles.

Os deuses, já fartos de suas bravatas, chamaram por Thor, que compareceu imediatamente com seu martelo. Furioso com a presença daquele gigante bebendo nos salões de Valhalla, perguntou quem o havia deixado entrar, por que

Freya, a senhora, estava lhe servindo e por que Sif encontrava-se entre eles.

Hrungnir olhou para Thor e, nada amistoso, disse que era de muito mau gosto desafiá-lo estando ele desarmado e que o deus do trovão tampouco estava honrando o costume de ser um bom anfitrião. E, então, falou que Odin o havia convidado.

– Seria de maior glória se te atrevesses a lutar comigo em minhas terras, em Griotun, com meu escudo de pedra e minha pedra de afiar.

Hrungnir tinha cabeça de pedra e coração de rocha com três pontas. Lutava com um escudo de pedra e uma pedra de amolar como arma. Thor achou muito perigoso lutar em suas terras. Mas também pensou em sua honra e fama, pois ninguém o havia desafiado antes. Jamais permitiria que alguém o chamasse de covarde. E, assim, marcaram o dia e a hora do duelo em Griotun.

Quando Hrungnir chegou a Jotunheim, gabou-se de ter marcado uma luta com o famoso deus Thor na sua propriedade, em Griotun. Os gigantes ficaram assanhados com o acontecimento. Fizeram um monstro de barro com nove léguas de altura e três de envergadura, e lhe deram o nome de Mokkurkalfi. Como estavam com dificuldades de achar um coração que lhe servisse, colocaram o de uma égua.

Quando Thor chegou para a luta com seu escudeiro Thialfi, viu de longe que o aspecto do seu oponente não era nada pacífico. Porém também percebeu que o escudeiro do adversário estava com tanto medo que se urinou quando viu o deus. O criado de Thor correu até Hrungnir e falou:

– Te cuida, gigante! Você está em maus lençóis! Cubra-te com o escudo, pois Thor vem vindo com tudo por debaixo da terra e está com ganas de te pegar!

Então, o gigante subiu em cima do escudo e agarrou sua pedra de afiar com as duas mãos. Logo viu uns relâmpagos e ouviu os trovões. Hrungnir levantou sua arma e a arremessou. Ela se chocou contra Mjolnir no ar e se quebrou em mil pedaços que caíram no chão, porém um se alojou na testa do filho de Odin e ele caiu.

Já o martelo de Thor acertou a cabeça do briguento, partiu seu crânio e uma de suas pernas caiu com todo seu peso em cima do pescoço do deus, prendendo-o e o deixando com muita dor. Thialfi lutou com o monstro de barro, Mokkurkalfi, e o venceu.

Imediatamente, Thialfi correu para socorrer seu amo, mas não conseguiu levantar aquela perna pesada. Os deuses todos vieram acudi-lo também, porém nenhum deles conseguiu ajudar. Magni, filho de Thor com a gigante Jarnsaxa, com apenas três dias de vida, foi até a cena em socorro do pai, livrou seu pescoço e disse:

– Que lástima que eu não vim antes, pai. Se eu tivesse vindo, teria destroçado este monstro com um soco.

Thor se colocou de pé e falou para o menino:

– Quero te dar o cavalo Gullfaxi que era do ogro do qual me salvaste.

Thor voltou à sua casa em Thrudvangar. De lá, mandou trazer Groa, uma feiticeira gigante e esposa de Aurvándil, o atrevido, para retirar a fagulha da pedra de amolar que ficou encravada na testa dele. Ela cantou suas canções de cura até que a fagulha se soltasse. O deu do trovão ficou tão feliz e grato por ter-se livrado da pedra que queria retribuir o favor e deixar a ogra tão feliz como ele estava. O deus contou que esteve no Norte, ao redor dos rios de Élivágar, e de lá trouxe um cesto nas costas com um dedo do maldito gigante Hrungnir para Aurvándil. Então o jogou ao céu, onde se formou uma estrela, à qual deu o nome de Dedo de Aurvándil. Disse que seu marido, que estava desaparecido, já estava a caminho de casa, guiando-se pela estrela.

Groa ficou tão contente que já não se lembrou mais das suas rezas, e a pedra não saiu totalmente da cabeça de Thor, onde ficou alojada para sempre. Esquecendo-se do que estava fazendo, correu para casa para esperar o marido.

O poeta escáldico Tiódolf de Hvin cantou a história:

Se vê no escuro também
como o terror dos ogros (kenningar para Thor)
foi aos morros de Griotun
em busca do rei da cova; (kenningar para Hrungnir)
o filho da Terra em seu carro (filho da Terra - kenningar para Thor)
o irmão de Meili zangado (irmão de Meili, um filho de Odin)
para dança do ferro correu; (ferro: espada; kenningar para luta)
a caminho trovejou o carro da lua.

O padrasto de Ull incendiou
a casa de todos os corvos (a casa de todos os deuses);
salpicou sobre toda a terra
muitas pedrinhas de granizo,
quando ao encontro de Hrungnir

levaram as cabras machos
ao dono de o bom carro; (kenningar para Thor)
comovendo a esposa de Aurándir (kenningar para Groa).

Tratou mal o irmão de Balder (Thor, irmão de Balder)
ao ferro inimigo dos homens;
as montanhas tremeram,
rachando rochas que arderam nos céus;
o senhor dos lúgubres ossos (kenningar para Hrungnir)
do campo do carro de Haki (carro de Haki: barco; campo do barco: o mar; Haki: um rei do mar)
ouvi que raivoso se pôs
ao ver seu grande matador.

Edda em Prosa, de Snorri Sturluson

CAPÍTULO 18

A pescaria de Thor

Após a humilhação sofrida por Utgard-Loki em Jotunheim, Thor retornou à terra dos gigantes com a finalidade de convidar o gigante Hymir para uma pescaria.

O hidromel guardado por Aegir estava escasso e, a pedido dos deuses, ele pretendia se apossar de um imenso caldeirão do néctar dos deuses que o gigante possuía.

O gigante debochou de Thor, dizendo que ele não tinha forças bastantes para pescar com um indivíduo de seu tamanho. O deus não se deixou intimidar, cortou em um só golpe a cabeça de um dos bois do gigante e disse que iria usá-la como isca.

Não quis pescar nas margens do mar, e sim no lugar mais profundo. Hymir ficou receoso de ser engolido pelas mandíbulas de Aegir*, mas o deus do trovão já havia remado rapidamente para o meio do oceano.

Enquanto o gigante reclamava com medo de perturbar a serpente do mundo (Jormungand), Thor já havia colocado a isca no seu fio de pesca e estava esperando por uma mordida.

Resmungando, a imensa criatura pescou em um instante duas baleias para seu jantar e encerrou a pescaria. Porém seu companheiro Thor havia jogado sua linha mais embaixo e esperava pegar algo realmente grande.

De fato, o monstro temido por Hymir mordeu sua isca e puxou tão fortemente que o pescador, ao segurar o anzol, rompeu com seus pés o fundo do barco com a força que fez para puxá-la.

Jormungard emergiu encarando fixamente seu arqui-inimigo, com seus aterradores olhos flamejantes, mas ele não ficou com medo. Já Hymir entrou em pânico e, antes que Thor conseguisse golpear sua pesca com seu martelo Mjolnir, o gigante cortou sua linha de pesca com receio de ser devorado.

A serpente do mundo mergulhou novamente para o fundo do oceano, e o deus enfurecido golpeou a cabeça do gigante medroso. Acreditando que o tivesse matado, Thor nadou até a praia. De lá, viu que seu adversário ainda se mexia. Então esperou que ele saísse do barco para voltar à sua casa em Jotunheim.

Chegando lá, ele o desafiou para um teste de força, que consistia em romper um enorme vaso que estava ali. Apesar

* Aegir – deus do oceano profundo e do hidromel; mandíbulas de Aegir – as ondas que tragavam os barcos nas tempestades.

de Thor jogá-lo contra as paredes da casa, várias vezes, o objeto não se despedaçou.

Thor escutou um sussurro em seu ouvido, aconselhando-o a jogar o vaso na cabeça do gigante. Assim fez e conseguiu quebrar o vaso em mil pedaços. Satisfeito, saiu vitorioso e exigiu o caldeirão de hidromel como prêmio. Hymir resistiu a entregar esta valiosa bebida, mas depois de muita insistência e ameaças de Thor, disse que lhe daria o maior de seus três caldeirões desde que conseguisse carregá-lo. Então, ele chamou Aegir para ajudá-lo.

A caminho de Asgard, Thor e Aegir perceberam que estavam sendo seguidos pelo inconformado Hymir e seus irmãos, que pretendiam reaver o caldeirão com a sagrada bebida. Mas o dono de Mjolnir jogou o martelo, matando os gigantes. Esconderam, então, o recipiente com o néctar dos deuses na morada de Aegir, no fundo do mar, onde ficaria guardado para ser fornecido aos deuses em ocasiões de festas.

CAPÍTULO 19

A perspicácia de Heimdall

Também conhecido como o deus branco, Heimdall era imbuído de grande e enigmáticos poderes e atributos. Filho das deusas vanir, as Nove Donzelas das Ondas, e do todo-poderoso deus aesir Odin.

Era guardião de Bifrost (a Ponte do Arco-Íris), de onde tocava seu retumbante corno Gjallarhorn para avisar os deuses de algum perigo ou alguma invasão a Asgard. É também com esta corneta que anunciava os deuses da chegada de algum indesejado, e também do Ragnarok.

Dotado de uma superaudição e visão, Heimdall era capaz de ouvir a grama e a lã das ovelhas crescer, escutava tudo que se passava nos Nove Reinos e enxergava a longa distância.

Regente da luz e das sombras, enxergava tão bem à noite como de dia, o que lhe dava a capacidade de detectar imediatamente qualquer movimentação suspeita. Morava em seu castelo Himinbjorg, situado na chegada de Bifrost a Asgard.

Foi nutrido com a força da terra, com o leite e espírito da Árvore da Vida, com a umidade do mar e o calor do sol. Assim, cresceu com rapidez e vigor. Descrito com a figura de um homem forte e alto, com dentes de ouro, e rosto e cabelos queimados do sol e vento.

Usava uma túnica branca, botas de pele de foca, pulseiras de prata e ouro, e uma pesada espada. Montava um cavalo de crina de ouro, Gulltop. Muito inteligente, Heimdall era um sábio conselheiro nos concílios dos deuses. Sendo um deus ordeiro, Loki o tinha como seu maior inimigo.

Certa noite, a aguçada audição de Heimdall detectou um furtivo movimento em direção a Fólkvangr, a morada de Freya. Ao descobrir que era Loki quem se dirigia ao castelo da deusa, metamorfoseou-se em uma mosca. O deus branco o seguiu de perto.

Freya estava dormindo, e Loki tentava roubar seu colar Brisingamen, o emblema de fertilidade da terra. Sem sucesso transformou-se em uma pulga e mordeu o pescoço dela. Dormindo, Freya virou-se e deixou à mostra o fecho da joia. O ladrão espertinho o abriu, se apossou do colar e saiu voando. Heimdall saiu em seu encalço e o perseguiu tentando cortar seu pescoço com sua espada.

Mais que depressa, o meliante se transformou em uma chama azul e, em um piscar de olhos, Heimdall tomou a forma de uma nuvem em forte chuva. Rapidamente, Loki tomou a forma de um urso polar, que ingeria a chuva com rapidez. Heimdall também se tornou um urso e começaram a lutar.

Ambos eram fortes, mas o deus era mais inteligente e, quando Loki percebeu que poderia morrer ali, rendeu-se e entregou o colar.

Quando Heimdall foi devolver Brisingamen a Freya, ela colocou sua mão no pescoço e só aí deu falta da sua joia predileta. Ele contou o que aconteceu, e ela examinou seu pescoço onde identificou uma picada vermelha e inchada. Muito vaidosa, tapou o local com a mão e enrubesceu de vergonha.

– Ora! – disse Heimdall. – Sei como resolver isso agora mesmo.

Colocou o belo colar no formoso pescoço e tapou a mancha vermelha. Freya ficou radiante. Agradecida, deu um beijo no rosto do deus branco. Naquele momento, quem enrubesceu foi ele.

CAPÍTULO 20

Os engodos de Frigga

Frigga discordava de Odin com muita frequência, era bastante competitiva e também gostava de provocá-lo. No caso da contenda entre a tribo dos Vândalos e a dos Winnilers não foi diferente. Ele achava que os Vândalos deveriam sair vitoriosos e estava disposto a garantir esta vitória. Já ela, queria outro desfecho, acreditava que seria justo que os Winnilers ganhassem a disputa. Estava disposta a confundir o marido, uma vez que haviam acordado que os Vândalos deveriam ser os ganhadores desta guerra.

Odin sabia que os Vândalos estavam acampados em frente à sua janela. Frigga conhecia seus planos, mas astutamente também elaborou um. Enviou um mensageiro aos Winnilers, aconselhando-os a cobrir o rosto com seus cabelos e mudarem o acampamento para perto da janela de Odin. Eles seguiram imediatamente os conselhos da deusa.

Quando o marido despertou, avistou um exército de barbudos e perguntou quem eram estes de "longas barbas". Disfarçando sua alegria, ela respondeu triunfante que ele acabara de lhes dar um novo nome: "Longobardos". Para honrar a tradição que daria a eles o direito de um presente de batismo, deveria dar-lhes a vitória.

Os Longobardos se mudaram para os campos férteis da Longobardia. Neste local, prosperaram felizes, louvavam e prestavam honrarias a Odin, já que o consideravam seu padrinho. Por fim, Odin ficou contente em ter-lhes concedido a vitória.

Envaidecido, disse à Frigga que sentia um grande orgulho de ter escolhido o povo certo, pois agora tinha uma grande tribo que lhe prestava culto.

Frustrada por não ter deixado seu marido contrariado, ela tratou de incomodá-lo de outra forma. Tirou um pedaço de ouro da sua nova estátua em seu templo. Viajou secretamente até a terra dos anões, entregou-lhes o ouro e encomendou um primoroso colar.

Quando Odin descobriu o roubo, partiu para cima dos anões, exigindo que revelassem o autor do furto. Mesmo aterrorizados com a fúria do deus todo-poderoso, também estavam com medo da reação de Frigga caso a dedurassem. Então decidiram mentir que não sabiam de nada, de roubo algum e que ninguém havia aparecido com ouro ultimamente.

Nervoso, Odin ordenou que sua imagem fosse colocada acima do portão da entrada de seu templo. Iniciou um encantamento rúnico para que ela adquirisse o poder de falar e assim denunciasse o ladrão.

Frigga ficou atemorizada com a possibilidade de ser denunciada em público. Pediu à sua fiel acompanhante e irmã, Fulla, que a ajudasse a encontrar uma solução para protegê-la da fúria do marido e de ser publicamente desmoralizada. A serva, então, trouxe um renomado bruxo, um anão com aparência assustadora. Frigga não conseguiu decidir se tinha mais medo dele ou de seu consorte, mas não tinha escolha senão confiar no bruxo.

O preço exigido pelo anão para impedir a estátua de falar era um abraço sinceramente carinhoso de Frigga. Dada a aversão de sua figura, teve de meditar cuidadosamente sobre isso. Inspirou-se na misericórdia que sentiu compreendendo que tão horripilante criatura provavelmente estava carente de companhia, aceitação e afeto. Imersa neste sentimento, deu-lhe um genuíno abraço carinhoso. Contente, o bruxo correu para o templo, lançou um feitiço nos guardas para que dormissem e destruiu a estátua, quebrando-a em mil pedacinhos.

Desmoralizado com o sacrilégio contra seu santuário, Odin sumiu de Asgard sem avisar. Ficou fora perambulando disfarçado entre os humanos, levando-lhes as costumeiras bênçãos.

Os Jotuns (gigantes do gelo) invadiram a morada dos deuses e prolongaram um rigoroso inverno. O deus dos deuses ficou sabendo e regressou imediatamente, expulsando todos eles e permitindo o início de uma linda primavera.

CAPÍTULO 21

A espada enterrada

Sigmund, filho do rei Volsungo e neto de Odin, tinha uma irmã gêmea chamada Signy. Ela estava na idade de se casar segundo seu pai, porém ainda não havia conhecido ninguém por quem se apaixonasse. Volsungo entendia que na realeza as uniões deveriam ser por interesses políticos para a preservação das famílias e perpetuação do poder.

Um rei chamado Siggeir pediu a mão dela em casamento. O pai achou que se tratava do homem ideal para Signy e o aceitou como genro. Depois, convidou o pretendente para um banquete em seu castelo a fim de apresentá-lo à noiva e aos seus nove irmãos.

Siggeir, apesar de rei, era um homem grotesco e desagradável. Signy entrou em desespero e pediu apoio a seus irmãos para evitar desposar aquela pessoa que a olhava com olhos gulosos... Nenhum dos seus irmãos interveio em seu favor, exceto seu irmão gêmeo, Sigmund. De nada adiantou, e as bodas foram marcadas.

No dia do casamento, Siggeir estava vestido de forma ostentosa, cheio de joias e muito feliz com o bom negócio que este enlace significava para ele. Já a noiva estava triste e vestida de forma muito simples, o que dava o tom da sua infelicidade. Sigmund era o único que se importava com a tristeza da sua irmã enquanto a festa transcorria normalmente no salão do castelo dos Volsungos.

No meio dessa sala, havia um freixo, uma árvore linda e majestosa que lembrava a própria Yggdrasil. O castelo fora construído ao seu redor, mas ninguém entendia como ela podia viver ali, talvez fosse uma regalia para um filho de um deus...

Tudo em Siggeir era rude, inclusive seus amigos e parentes que, ao chegarem, cumprimentaram o noivo de maneira efusiva. Apesar de estarem vestidos fina e impecavelmente, portavam-se de forma muito inadequada. Teceram comentários deselegantes sobre o fato de ter conseguido fazer um bom casamento e referiram-se à noiva como se fosse uma mercadoria muito bela da qual ele poderia usufruir a partir da noite de núpcias.

Em certo momento, entrou na sala um velho vestido com uma humilde capa azul-escura com um capuz que lhe cobria o olho esquerdo. Todos o olharam com desprezo, porque não estava vestido à altura daqueles que estavam na cerimônia. Cochichavam entre si como se estivessem sendo afrontados pela figura misteriosa, que parecia não se importar com os convidados.

Enquanto o velho se encaminhava ao centro da sala, em direção à árvore, os convidados se afastavam, abrindo passagem, como quando um barco rasga as águas para passar. Chegando ao freixo, sacou uma espada e fincou-a no seu tronco. Todos deram um passo para trás, soltando um som de surpresa! Em tom solene, o velho falou:

– *Gram é seu nome,*
Forjada por anões foi
A pedido de Allfather.
Fincada na árvore está,
Só ao herói se desprenderá.

Incrédulos, todos se entreolharam novamente. Agora, o velho tinha sua atenção, mas, assim como entrou, saiu e nada mais disse. Mais que depressa, o ambicioso Siggeir correu para a espada, dizendo:

– Quem chegar primeiro tenta desprender a espada!

Volsungo, porém, falou:

– Calma! Espere! Antes de você, o dono da casa, sua filha e seus nove filhos tentarão!

Volsung se dirigiu até Gram e, de forma cerimoniosa, tentou tirá-la, mas não obteve sucesso. Então, seguiram todos seus filhos, um a um, por ordem de idade. Os gêmeos eram os mais novos. Signy havia saído apressada do ventre da mãe, antes de Sigmund. Então, ele foi o último e, para ele, a espada se desprendeu! Todos se curvaram e murmuraram espantados:

– Ohhh!

– Milagre! Salve Sigmund, nosso herói!

Com o olho comprido e invejoso, o noivo olhava de soslaio e balbuciava toda sorte de maldições. Depois, foi render homenagem ao cunhado para disfarçar seu desapontamento. Então pegou o braço da noiva e disse que estava na hora de irem para casa e consumar o casamento.

Signy estava chorosa ao se despedir da família e, para lhe dar coragem, Sigmund falou que logo iriam todos visitá-la. Porém, para cortar os laços entre eles, Siggeir falou que somente poderiam visitar seu castelo e sua mulher dentro de exatos três meses. Atônitos com a surpresa, o pai e os nove irmãos da infeliz garota acabaram aceitando a proposta, uma vez que nada podiam fazer.

Passados três meses, na data combinada, uma comitiva de Volsungos se dirigiu ao reino de Siggeir, chegando lá nas primeiras horas da manhã. Qual não foi o espanto de todos quando as portas da cidade se abriram e as trombetas seguidas de gritos de guerra soaram! Volsung puxou as rédeas do cavalo e gritou:

– Recuar! Traição! Recuem todos!

Tarde demais para as primeiras filas de homens que montavam a segurança da família! Siggeir e seus soldados já haviam avançado e mataram todos da linha de frente! Volsung também tombou! Sobraram Sigmund e seus irmãos que foram levados presos para as masmorras. Da janela do castelo, a triste Signy acompanhava a cena aos prantos. Mesmo sendo seu marido um estúpido, não esperava aquela selvageria.

O bárbaro traidor se recusou a discutir o assunto com sua mulher e a proibiu de interferir ou questionar. Com medo, a triste figura se calou, mas ficou observando. Foi assim que descobriu o pérfido plano de Siggeir: todas as noites, um de seus irmãos, a começar pelo mais velho, seria amarrado com nós encantados a um tronco de árvore na floresta para que uma loba faminta viesse se alimentar.

Pensando e pensando como salvá-los, na noite do sacrifício de Sigmund, ela teve a ideia de pedir para sua criada ir até o irmão e passar mel na boca dele e nas cordas que o prendiam. Também o orientou que, quando a loba passasse a língua nos seus lábios, ele abrisse a boca para morder a língua do animal. Abaixo, as cordas já estariam roídas de quando comera o mel passado nelas, então, poderia se soltar e fugir. E assim ele fez. Quando a loba introduziu a língua na garganta do herói, ele mordeu fortemente. O bicho saiu em disparada uivando de dor e deixando um rastro de sangue na neve. Sigmund estava livre novamente e voltou para sua terra.

CAPÍTULO 22

O tesouro do anão Andvari

Hreidmar, o avarento rei dos anões, tinha três filhos: Fafnir, o destemido e furioso, era o mais velho; Otter, o filho do meio, tinha o dom da metamorfose; e Regin, o caçula, era dotado de sabedoria e astúcia.

Certa vez, os deuses Odin e Hoenir, na companhia do encrenqueiro Loki, peregrinavam pelos mundos quando chegaram ao castelo de Hreidmar. No jardim em frente, uma lontra tomava sol deitada em cima de uma rocha perto de um regato. Por pura maldade, Loki matou o indefeso animal a pauladas sem desconfiar de que se tratava de Otter (que significa lontra), o filho do rei, metamorfoseado. As duas divindades ficaram furiosas, revoltadas e protestaram, mas o malvado Loki não deu ouvidos. Levou-a consigo a fim de presentear o rei e garantir seu jantar.

Ao se apresentarem ao rei Hreidmar, não revelaram sua verdadeira identidade e pediram hospedagem. Mas o vaidoso Loki, sempre querendo se sobressair, entregou a lontra morta ao rei dizendo que era seu presente. Enquanto o embusteiro se gabava de sua caça, o pai reconheceu o filho e deu um grito de dor, como quem teve o peito atravessado por uma flecha. Em seguida, tomado de uma fúria avassaladora, gritou que se tratava de seu filho Otter. Os deuses se encolheram e falaram que não haviam participado do assassinato. Loki, aterrorizado pelo medo, tentava se explicar dizendo que não sabia.

Com a ajuda dos irmãos de Otter, o rei anão amarrou os dois deuses e ordenou a Loki que fosse juntar ouro suficiente para cobrir a lontra. O fanfarrão pensou e pensou onde arrumar tanto ouro. Então lhe ocorreu que ouvira falar que um anão chamado Andvari possuía um grande tesouro e escondia suas riquezas nas profundezas de um rio.

Foi até lá para espoliá-lo e, como não o encontrou em casa, foi até o rio identificando-o na forma de um peixe. Tentou pescá-lo, mas em vão, pois o peixe estava protegido por um encantamento. Então, pediu a Ran, a rainha das águas, que lhe emprestasse sua mágica rede de pesca com a qual pescava tesouros dos navios naufragados. Assim, finalmente, conseguiu agarrá-lo.

Loki exigiu de Andvari o seu tesouro em troca da sua liberdade. Sem outra opção, o rico anão entregou todo o tesouro, mas não o anel mágico que tinha no dedo. Ganancioso, Loki o arrancou sem saber que ele era mágico e atraía todo ouro do mundo. Enfurecido, Andvari lançou uma maldição de morte e desgraça a quem o possuísse. O malvado não se importou e partiu com o tesouro para resgatar Odin e Hoenir.

Quando Odin viu a maravilhosa joia na mão de Loki, quis ficar com ela para si. Hreidmar pegou o tesouro e começou a cobrir Otter com ele. No fim, ficou um pedacinho sem cobrir a lontra, e Allfather, o deus pai de todos, teve de entregar o anel mágico também.

Com o anel amaldiçoado no dedo, o rei anão, em algumas semanas, começou a sentir os efeitos do maldito. Seus filhos Fafnir e Regin começaram a brigar com ele pela posse do tesouro. Mas Hreidmar disse que era seu por direito e não quis entregá-lo. Então, os dois filhos gananciosos mataram o pai.

Fafnir se transformou em um odioso dragão e tomou todo o ouro para si. Sem escolha, Regin fugiu e, sem destino, foi trabalhar como ferreiro na corte de Sigmund. Porém ele ainda tinha a ambição de tomar todo tesouro do seu pai para si.

CAPÍTULO 23

Sigurd, o matador do dragão

Após o falecimento de Sigmund, Hiordis, sua esposa grávida, foi acolhida pelo rei Alf. Muito agradecida pela receptividade e consideração, tornou-se amiga do soberano. Nasceram grande respeito e carinho entre eles durante a gestação e espera pelo nascimento de Sigurd. E Sigurd, o filho de Sigmund, o herói prometido por Odin, nasceu em meio à harmonia do reino. Alf e Hiordis se casaram logo após.

Sigurd* era filho de Sigmund, o herói que, por sua vez, era filho de Volsung, que, por sua vez, era filho de Odin.

---

* Sigurd é retratado em várias obras artísticas conhecidas, dentre elas o livro *A Lenda de Sigurd & Gudrun*, de J. R. R. Tolkien; como Siegfrid o principal personagem da ópera *O Anel do Nibelungo* de Richard Wagner etc.

O neto de Volsung e bisneto de Odin mais tarde se tornou aprendiz de ferreiro e seu tutor era Regin. Isso mesmo! O Regin, irmão de Fafnir – este se transformou em um dragão para melhor proteger o tesouro que roubou de seu pai quando o assassinou!

Regin era, por direito, dono da metade desse tesouro, mas, depois que seu irmão se transformou naquela assustadora fera, ficou com medo e fugiu. Conseguiu trabalhar como ferreiro na corte onde Sigurd vivia com a família. Porém, o anão ainda tinha a ambição de tomar todo tesouro para si.

Lá se tornou padrinho de Sigurd (Siegfrid), filho de Sigmund, filho de Volsung, por sua vez filho de Odin. Sigmund já havia falecido havia anos em uma luta com seu avô Odin, e Sigurd, que já era o mais famoso e o mais forte herói da época, sabia de sua ascendência.

Quando já era um menino crescido, mostrava traços de um guerreiro muito interessado em armas, principalmente espadas. A fim de instruir e encorajar o garoto, mãe e padrasto nomearam o anão Regin, ferreiro do reino, tutor de Sigurd. Com ele, o príncipe aprendeu a forjar espadas e a lutar. Infelizmente não foram somente o forjamento de espadas e as lutas que Sigurd aprendeu com o ambicioso e arrogante Regin. Sim, longe dos olhos do rei e da rainha, o ferreiro não era tão polido e servil.

Regin tinha a ambição de se apoderar do tesouro do anel que estava com Fafnir, agora transformado em um dragão. Então envolveu Sigurd no seu plano de reaver o tesouro. Contou a ele do ouro de Andvari e seu precioso anel que estavam em poder de um dragão e persuadiu o afilhado a matar o monstro e a repartirem a riqueza.

Para tanto, Regin forjou várias espadas, mas Sigurd quebrava todas quando as testava. Finalmente, o herói lembrou-se de Gram, a espada quebrada do seu pai e, então, reforjou-a. Somente quem não conhecesse o medo poderia fazê-lo e este alguém era o bisneto de Odin.

Foram à morada de Fafnir, em Gnitaheid, observaram sua rotina e traçaram um plano. Quando o dragão foi beber água no regato, cavaram um buraco em seu caminho, cobriram com galhos e relva e deitaram dentro da cova. A intenção era de cravar a espada na barriga do dragão, parte mais vulnerável e sem escamas.

Foi Sigurd que enfiou a espada no monstro. Fafnir jazia morto. Regin retirou o coração da fera e mandou Sigurd assá-lo para ele. Depois se jogou no chão e bebeu o sangue do monstro que jazia morto pela espada do herói. E foi assim que Sigurd passou a ser conhecido como "o matador do dragão".

Regin caiu em sono profundo após beber boa parte do sangue de Fafnir. Sigurd seguia assando o coração. Quando lhe pareceu bem assado, tocou para ver se estava no ponto para comer, escorreu um pouco de suco em seus dedos e o queimou. Como um reflexo, colocou o dedo na boca e, ao tocar sua língua com o sangue do coração do dragão, passou a entender a língua dos pássaros. Havia alguns pousados no galho de uma árvore, e o primeiro falou:

– Lá está Sigurd manchado de sangue,
O coração de Fafnir no fogo assou,
Se aquele que os anéis ambiciona,
Dessa carne com vida tivesse comido,
Para si o tesouro haveria de ter conseguido.

E o segundo disse:

– Lá está Regin maldades tramando,
Vai trair a quem nele confia,
Enreda com raiva perversas palavras
Projeta o maligno a vingar seu irmão.

O terceiro falou:

– Que corte a cabeça do malvado,
Deixe o bruxo para Hel!
Recolha o tesouro todo,
O lote em que Fafnir se deitava.

Então o quarto se pronunciou:

– Por homem avisado eu o terei,
Se segues o conselho amigo que damos,
Em suas mãos deixamos...

Um quinto pássaro completou:

– Muito tolo és que não o matas,
Regin é um inimigo maligno.
Está aí aquele que te trai,
E sua maldade não vês!

Edda em Prosa, de Snorri Sturluson

O matador do dragão caiu em si e percebeu que o plano do anão era matá-lo e se apoderar do tesouro para usufruir dele sozinho. Apanhou novamente sua espada Gram e decapitou Regin, dizendo:

– Finalmente, anão maldito, o seu plano traiçoeiro descobri!

Depois Sigurd seguiu o rastro da fera para descobrir o esconderijo do tesouro. Parou em frente a uma caverna, onde se punha o fim do arco-íris, e entrou. O salão estava completamente iluminado com o brilho das joias e do ouro. O filho de Sigmund tomou o tesouro para si, montou em seu cavalo Greyfell e partiu para a fama e a glória.

CAPÍTULO 24

Sigurd e Brunilde

Quando Sigurd partiu para a glória e fama, andou por vários dias pelos campos e pelas montanhas montado em seu cavalo Greyfell, que carregava seu tesouro no lombo.*

Parando em uma estalagem para comer e dormir, ouviu falar de uma belíssima moça que jazia desacordada no alto de uma montanha cercada por um anel de fogo. Somente um herói que desconhecesse o medo poderia ultrapassar aquele fogo ileso e acordá-la. Esta foi a maldição que Odin, pai dela, havia lançado por ter desobedecido a uma ordem dele. Tratava-se da Valquíria Brunilde.

* Confira a semelhança de Sigurd, "o matador do dragão", com São Jorge. Assim como o santo, o herói nasceu na Turquia e usava uma lança e um elmo.

Havia muitos anos que ela estava lá e ninguém foi suficientemente audacioso para ultrapassar o obstáculo que "o deus criador" havia imposto.

Sigurd foi até a montanha e lá viu que deveria passar por uma faixa larga de fogo. Perguntou ao seu cavalo:

– Greyfell, você acha que conseguiremos ultrapassar este círculo de fogo?

Seu animal relinchou e agitou a cabeça para cima e para baixo. Sigurd riu e tomou isso como um sim do seu único companheiro nesta jornada. Como o jovem desconhecia o medo, preparou seu cavalo e deu a ordem para que ele partisse para dentro do círculo de fogo. Chegaram chamuscados do outro lado, mas orgulhosos.

Uma vez dentro do círculo, avistaram a Valquíria que jazia enfeitiçada por muitos anos, porém continuava jovem e bela. Usava um elmo e uma armadura branca e brilhante. Dava a impressão de que a armadura apertava seu peito, parecendo oprimi-la. Sigurd desembainhou sua espada e cortou a cota, permitindo que ela respirasse e acordasse. Brunilde olhou para o herói e disse:

– Então é você meu herói que desconhece o medo?

– Qualquer ginete que conhecesse tão doce formosura teria se encorajado a transpor este obstáculo somente pelo prazer em vê-la abrindo seus belos olhos e despertando deste maldito sono profundo!

– Odin me condenou a esse castigo pela minha desobediência em defender um homem que cometeu adultério em um duelo com o marido traído. Eu defendi este homem porque ele era, na verdade, inocente. É uma longa história...

Sigurd contou de suas aventuras, de como matou o dragão que guardava um tesouro que agora estava com ele, da traição de seu tutor Regin e de como chegou até ela.

Então, o herói pegou seu tesouro, separou o anel mágico e o pôs no dedo de Brunilde para selar sua união. Em seguida, colocou na cabeça de sua esposa o elmo mágico que fazia parte do espólio.

No dia seguinte, partiu para buscar aventuras e fazer jus à sua fama de herói. Deixou a Valquíria à sua espera, mas jurou que voltaria.

CAPÍTULO 25

Balder ou Baldur

O nascimento

Balder, o deus menino prometido, nasceu no solstício de inverno, em meio a muita festa, alegria e esperança. Filho de Odin, o deus criador dos Nove Reinos e também conhecido como o pai de todos, e de sua consorte Frigga, a deusa mais poderosa.

Quando a data do seu nascimento se aproximava, Idun, a deusa da juventude, detentora das maçãs que mantinham os deuses jovens, ofereceu ao deus menino um presente cheio de significados e que podia ser visto por todos os seres do universo. Saiu em busca da única árvore que permanecia verde em meio ao gelo e à neve: o pinheiro. Ele significava a vida. Então o enfeitou com suas maçãs vermelhas, que significavam o alimento para a vida. Em seguida, apanhou estrelas do céu e iluminou o pinheiro, para significar a luz que o menino traria consigo. Enquanto ornava-o, cantarolava:

– *Ó pinheiro! Ó pinheiro!*
Como são verdes as suas folhas!
Você não está verde somente no verão e na primavera,
Seus galhos também permanecem verdes durante o inverno,
Mesmo no gelo e na neve você se mantém fiel à vida!

Na noite em que o deus menino nasceu, para avisar a todos, Odin colocou no céu uma estrela brilhante que deixava um rastro de luz atrás de si e outras três estrelas que se destacavam no céu pela sua intensa luminosidade. Balder nasceu envolto de luz que rodeava também a mãe do menino.*

Enquanto crescia belo e amado por todos, era conhecido como "o brilhante", aquele que trouxe bondade, alegria e esperança, e como "o mensageiro de um novo mundo". Tornou-se um belo e vigoroso jovem, loiro, de olhos azuis,** que irradiava uma aura de luz. Todos o amavam, mas Loki estava tomado de inveja do belo e jovem deus, a quem eram voltadas todas as atenções.

---

* Aqui podemos notar a incrível semelhança de Balder com Jesus Cristo. O deus nórdico também nasceu em 24 de dezembro, solstício do inverno no hemisfério Norte, no qual estão os países nórdicos de onde descende a mitologia nórdica. Ele também é a criança prometida, o deus envolto por uma aura de luz que veio trazer bondade, alegria e esperança ao povo. Também é o deus que festejamos com a árvore de natal enfeitada e iluminada, cuja mãe passa a ser envolta em uma aura brilhante. A festa da época era chamada de Yule, e é quando nós também festejamos o período entre o Natal e o Ano Novo que, aliás, era comemorado o novo ano deles também.

** Jesus era retratado por meio desses mesmos traços físicos nas primeiras pinturas sacras da Europa.

> "Breidablik é o lugar onde Balder levantou sua morada,
> É o lugar mais limpo de feitiços
> E onde infortúnios não há."
> ***Edda em Prosa*, de Snorri Sturluson**

O sonho

Ainda muito jovem, Balder começou a sonhar com sua própria morte. Assustado, ele desabafou aos deuses, contando seus repetidos pesadelos. Turvos sonhos estes que pressagiavam sua morte. Imediatamente, os deuses celebraram um conselho que decidiu que tudo que existia no universo deveria jurar não ferir o deus brilhante.

Frigga se encarregou de viajar pelos mundos e pedir a todos os seres e a todas as coisas para que não ferissem seu filho. Colheu juramento dos deuses, do fogo, do gelo, da água, do ferro e de todos os outros metais, das pedras, da madeira, das vegetações e de todos os animais. Tranquila e crente de ter deixado seu filho seguro por haver recebido o compromisso de tudo e de todos, Frigga voltou à sua morada, Fensalir.

Sabendo que Frigga obtivera sucesso em sua jornada, todos os deuses se reuniram. Loki também foi, mas como convidado de Odin e Thor. A deusa mãe de todos contou que havia conseguido o juramento de tudo que existia e nada nem ninguém iria machucar Balder. Para festejar, colocaram o jovem e belo deus no meio de um círculo e se divertiram, jogando-lhe pedras ou dando-lhe socos, mas nada feria o deusinho que também se divertia.

A morte

Invejoso, Loki não gostou de ver que nada machucava Balder, que era belo, brilhante, amado e que tinha a atenção de todos. Em qualquer lugar e em qualquer situação, sempre chamava total atenção. Sem se despedir, saiu da sala. E a frustração deu lugar à raiva e à vontade de vingança.

Disfarçado de uma mulher comum, foi a Fensalir falar com Frigga para ver se descobria algo que ninguém sabia. Chegando ao palácio, puxou uma inofensiva conversa com a deusa e, depois de estabelecer uma conexão, perguntou:

– Sabe o que fazem os ases com seu filho Balder neste momento, grande mãe?

– Sim, estão todos jogando coisas nele para festejar que todos os seres e todas as coisas juraram não o machucar!

– Também sou mãe... e me preocupo... Obteve mesmo juramento de todas as coisas? Não se esqueceu de nada ou ninguém?

Frigga ficou séria e pensativa, como se algo a tivesse deixado subitamente em dúvida e, como que pensando alto, disse baixinho:

– Pensando bem, não pedi juramento ao visco, uma plantinha pequena, tímida, de aparência tão inofensiva que nem lhe fiz caso...

– Não se preocupe, não há de ser nada. Somente preocupação de quem também é mãe...

Após jogar um pouco mais de conversa fora, Loki partiu. Apanhou um galho do pequeno visco e retornou à farra dos deuses. Olhou em volta e lá estava Hod, sentado, sozinho e esquecido. Hod era um deus cego e tímido, irmão de Balder. Então lhe disse Loki:

– Por que não entra na brincadeira também? Faça como os demais, honre a Balder como fazem os outros.

– Porque não vejo onde está Balder e também não tenho nenhuma arma – disse Hod.

Mas Loki já tinha a solução em suas mãos:

– Use este arco que eu mesmo usei. Eu o ajudo a mirar no seu irmão.

Hod ficou feliz em participar da brincadeira, e Loki colocou o galho de visco no arco, deu a arma em mãos e o ajudou a mirar.

– Dispara! Agora! – ordenou Loki.

Confiante, Hod disparou. O galho de visgo atingiu Balder e o deus caiu morto! Os outros deuses ficaram sem fala! Ases e vanires estavam estarrecidos diante de tamanha desgraça! Frigga, lá do seu palácio, soltou um grito de dor como se o galho tivesse atravessado seu próprio coração! Todos olharam para a direção de onde partiu a flecha e viram Hod com o arco na mão e Loki a seu lado. Imóvel, diante do silêncio, Hod estava assustado e sem entender o que estava acontecendo. Mas Loki estava com um sorriso maligno em seus lábios.

O castigo deveria ficar para outra hora. Estavam em solo sagrado e lá não se podia pegar em armas para castigar, mas prometeram a Loki que seu castigo não tardaria. A Hod, explicaram o que havia acontecido, e ele caiu em prantos junto com Odin, Frigga e todos os deuses.

Em meio ao lamento pela perda do filho, Frigga falou:

– Quem entre vocês seria suficientemente rápido e corajoso para viajar até Helheim e oferecer a Hel um resgate para que ela permita que Balder retorne vivo a Asgard?

Prontamente Hermod, filho de Odin e Frigga, conhecido como "o rápido", ofereceu-se para tal tarefa. Odin cedeu seu cavalo Sleipnir. Hermod o montou e se colocou a correr.

Os deuses pegaram o corpo de Balder, levaram à beira do mar e o colocaram sobre a pira funerária que fora montada dentro do barco dele, *Hringhorni*. Idun enfeitou a embarcação com estrelas e empurraram o barco para dentro do mar. O barco, porém, não se movia.

Frigga mandou buscar uma gigante de Jotunheim, uma feiticeira de nome Hyrrokkin, e esta veio montada em um lobo com uma víbora servindo de rédeas. Quando ela desceu de sua montaria, pediu a Odin para chamar quatro Berserker (guerreiros que tomavam uma poção para obterem uma força descomunal).

A feiticeira pediu a eles que levantassem o barco, porém não conseguiram movê-lo do lugar. Desajeitada, a giganta mesma levantou o barco sozinha e, na primeira tentativa, conseguiu erguê-lo. A terra tremeu. Os trapos que a mulher vestia pegaram fogo, a pira também. Thor se enfureceu e, se não fosse pelos deuses, teria partido a cabeça dela em mil pedaços com seu martelo Mjolnir.

No momento em que Nana, esposa de Balder, viu a pira do seu amado pegando fogo, caiu morta de tristeza, e seu corpo foi levado para o lado do marido, onde queimou junto com ele.

Thor abençoou a pira com seu martelo mágico. Muitos eram os que estavam assistindo àquilo. Os deuses viam, inconsoláveis. Odin estava com Frigga, seus corvos e lobos. Ele colocou na pira Draupnir, seu anel mágico.

Frey foi com seu carro Slidrugtanni, puxado por seu javali Gullinbursti. Heimdal chegou montado em seu cavalo Gulltop, e Freya foi conduzida pelos seus gatos. As Valquírias vieram voando. Também acudiram muitos gigantes do gelo e das montanhas.

Enquanto isso, Hermod cavalgou nove dias e nove noites por profundos e obscuros vales. Nada viu nem ouviu até chegar à Gjoll, uma ponte recoberta de ouro brilhante guardada por Módgud. Este perguntou a Hermod quem ele era e ainda indagou:

– Ontem passaram por esta ponte cinco cavalos carregando mortos em uma só vez, mas eles não ressoaram como você sozinho em seu cavalo. Além disso, você não tem a cor de um morto. Por que deseja entrar em Hel?

– Vou em busca de Balder. Não o viu passar aqui? – respondeu Hermod.

– Sim, vi Balder passar pela ponte Gjoll em direção a Hel – afirmou Módgud, que ainda acrescentou: – Para chegar a Hel, tem que seguir agora para baixo, em direção ao norte.

Então Hermod cavalgou até os portões de Hel. Desceu do cavalo, ajustou as correias, voltou a montar Sleipnir e meteu-lhe as esporas. O cavalo deu um salto tão grande que pulou por cima do muro. Depois, seguiu até a casa de Hela. Ali apeou e, entrando na morada da deusa, viu seu irmão sentado em um trono de honra, onde passara a noite.

Na manhã seguinte, pediu a Hela que permitisse a Balder retornar à Asgard com ele. Também falou da comoção dos ases, dos demais deuses e dos homens de Midgard. Hela respondeu que, se ele fosse realmente tão querido, a ponto de todos os seres e todas as coisas chorarem sua perda, ela o deixaria voltar. Mas, se alguém ou alguma coisa não chorasse por ele, permaneceria no mundo dos mortos.

Aturdido com a resposta da guardiã de Helheim, Hermod se levantou. Balder o acompanhou até os portões e, quando se despediram, o jovem deus morto lhe entregou Draupnir para devolvê-lo a Odin. Hermod fez todo caminho de volta por nove dias e nove noites na mais completa escuridão e, ao chegar a Asgard, contou tudo que viu e ouviu.

Os deuses enviaram mensageiros a todos os cantos do mundo e pediram a tudo e a todos que chorassem a morte de Balder para que ele pudesse sair de Hel e regressasse vivo a Asgard. E assim fizeram todos os homens e demais seres vivos, as pedras, as árvores, os metais e demais seres inanimados. Mas, quando voltavam, viram uma bruxa em uma cova que dizia se chamar Tok. Na verdade, tratava-se de Loki, mas eles não perceberam no momento. Esta não chorou e disse:

Com lágrimas secas Tok chorará
Aquele que Balder deixa na pira;
*Nem vivo nem morto o filho do velho me importa**
Que Hel que o tem, o retenha!

Edda Poética, de Snorri Sturluson

Surpresos e chocados, deram a notícia aos pais e demais deuses de que um ser não havia chorado por Balder. Muito

---

* O velho: Odin.

desconfiados, eles partiram para investigar a identidade da bruxa. Não encontraram nem rastro dela. Intrigados, investigaram um pouco mais e descobriram que se tratava de Loki. Revoltados e furiosos, decidiram que ele finalmente deveria receber um merecido castigo.

"Assim cantou Ref:*
Frequentemente carregou-me o afável**
Ao copo do Ás dos Corvos***
Já para o escalda morreu-se-lhe Balder****
Do brilho do lar das proas*****"
Poesia escáldica inspirada
na *Edda em Prosa* ou *Edda Menor*, de Snorri Sturluson

* Ref: um poeta escalda.
** O afável: padrinho de Ref que lhe ensinava a arte da poesia escalda.
*** Ás dos Corvos: Odin (ao copo do Ás dos Corvos: ao êxtase do deus da inspiração, que é Odin).
**** Escalda: poeta da época, no caso, o afável.
***** Lar das proas: o mar.

CAPÍTULO 26

A punição de Loki

Após a desordem que o trapaceiro já havia feito e a sua conduta agressiva e desrespeitosa no jantar de Aegir, Loki não tinha mais permissão para entrar em Asgard nem em Vanaheim ou em qualquer outro território sagrado.

Com medo da penalidade a que lhe seria infligida, Loki fugiu e se escondeu no alto de uma montanha. Nela, construiu uma casa com quatro paredes e, em cada uma, colocou uma porta para poder ver em todas as direções.

Durante o dia, tomava a forma de um salmão e se escondia em Franang, um riacho próximo. À noite, ficava observando as quatro portas, vigiando se não vinham os ases. Perguntava-se como os deuses poderiam fazer para alcançá-lo de dentro do riacho. Então, pegou um fio de linho e começou a fazer uns nós (como futuramente viriam a ser feitas as redes).

Sentado em seu trono Hlidskjálf, Odin descobriu onde Loki se escondia, e os ases se puseram a caminho para prendê-lo. Quando o malandro os avistou subindo o morro, jogou a rede no fogo da lareira e correu para o riacho, onde se escondeu na forma de um salmão.

Chegando à casa de Loki, o primeiro que entrou foi Kvasir, o mais inteligente de todos. Quando ele viu a rede nas cinzas na lareira, pegou-a para examinar e percebeu que era algo que poderia usar para apanhar peixes. Mostrou para os companheiros e terminou de tecê-la.

Quando finalizada, desceram até o rio e lançaram a rede na correnteza. Thor segurou a rede por uma ponta e os demais deuses seguraram pela outra. Loki foi fugindo diante da armadilha e se escondeu no fundo, por entre as pedras. Quando passaram a rede por cima, perceberam que um peixe se mexeu. Aumentaram o lastro e passaram a rede novamente por cima. Mais uma vez, Loki foi fugindo à frente da rede e, perto de onde o rio desembocava no mar, deu um salto por cima dela e se colou a saltar por cima da corrente, riacho acima. E é por isso que os salmões sobem os rios correnteza acima.

Agora os ases o haviam visto! Retornaram ao rio com um grupo de cada lado, e Thor conduzia a rede pelo meio. Loki continuava saltando contra a correnteza, e Thor conseguiu apanhá-lo no ar, mas escorregou por dentre os dedos do deus. No último instante, Thor apertou a cauda do peixe e o apanhou finalmente.

O fanfarrão retornou à sua forma normal e foi levado até uma gruta. Ali chamaram a esposa, Sigyn, e seus filhos, Váli, Nari e Narfi.

Transformaram Váli em um lobo que destroçou seu irmão Narfi. Com as tripas de suas entranhas, amarraram Loki a três lajes afiadas. A primeira, abaixo de seus ombros, a segunda à sua cintura, e a terceira a seus pés. A deusa Skadhi trouxe uma serpente venenosa e amarrou a cabeça de Loki fortemente, de maneira que o veneno da cobra pingava na sua testa, provocando dores lancinantes.

Sigyn, sua dedicada esposa foi a única a cuidar dele. Segurava um pote para colher o veneno e poupar o marido, contudo, quando o pote ficava cheio e ela tinha de esvaziá-lo, o veneno pingava no rosto de Loki, e ele se contorcia e gritava de dor. Seus berros faziam a terra tremer, e foi assim que passaram e existir os terremotos.

Loki, não resistiu nem protestou, sabia que depois de tantos problemas, pirraças e desrespeitos, seu destino estava selado até o fim dos tempos.*

* O mito é uma metáfora ao aprisionamento do fogo subterrâneo (Loki) e do riacho gelado (a serpente). Este, ao cair sobre o fogo, evaporou-se, escapando pelas fissuras da Terra, dando origem aos gêiseres.

CAPÍTULO 27

O deus Tyr e o lobo Fenrir

Tyr era o deus da ordem, das leis, dos contratos, das assembleias, das soluções em disputas e o regente das guerras. Em sua homenagem lhe foi guardado o dia de terça-feira (*tuesday*, em inglês, e *dienstag*, em alemão).

Apesar de reger as batalhas, Tyr não era considerado um deus sanguinário; sua atuação era na justiça das batalhas, dos duelos e dos juramentos. Seu papel era importante na sociedade nórdica para criar e manter elos nos clãs. Era um deus corajoso e justo, relacionado com a integridade e autossacrifício pelo bem comum.

Tyr era descrito como uma figura forte, alta, com cabelos loiros trançados e olhos azuis acinzentados. Usava botas de couro de lobo, uma malha e um elmo metálicos, uma corda com nós no lugar de cinto e uma espada gravada com a runa Tiwaz. Por isso teve uma atuação importante nesta história.

Fenrir era um dos filhos que Loki escondeu. Seus três filhos monstruosos que teve com a gigante Angrboda. Mas Odin os avistou de seu trono celeste. Preocupado com a ameaça que representavam a Asgard, Odin concedeu a Hela a regência de Hel, um dos reinos do submundo de Yggdrasil. Jogou a serpente Jormungand no mar, onde ela cercou Midgard, e Fenrir ficou em Asgard, convivendo com os deuses, enquanto era filhote. Ele gostava muito de lobos e tinha esperança de que, se Fenrir vivesse desde pequeno entre eles, poderia ficar dócil.

"Ao leste a velha*,
No bosque de ferro,
Parindo estava os irmãos de Fenrir,
Um entre todos um dia será,
Que em forma de monstro,
A lua devorará."
Inspirado em "A Visão da Adivinha"
***Edda Maior*, de Snorri Sturluson**

Nenhum dos deuses quis se acercar dele para lhe dar de comer, somente Tyr. Porém, à medida que foi aumentando de tamanho, foi ficando feroz e voraz. Os aesires perceberam, então, que o futuro de Fenrir era trazer-lhes desgraça e tomaram a decisão de prendê-lo.

* A velha: a gigante Angrboda.

Teceram uma corrente muito forte, a qual nomearam de Lóding, e a levaram ao lobo. Pediram que ele provasse sua força e tentasse parti-la. O lobo achou que seria muito fácil destruí-la e concordou. Realmente, ele a partiu sem dificuldade e se livrou dela.

Logo os ases fizeram outra corrente, o dobro mais forte, e a chamaram de Dromi. Novamente pediram ao animal que provasse sua força. Ele deixou que a colocasse em seu pescoço e lhe fez pouco caso, expondo-se mais uma vez e querendo tornar-se famoso pela força. Quando os deuses disseram que já estava tudo pronto para provar essa corrente, tomou impulso, deu uma arrancada e partiu essa amarra também, fazendo seus pedaços voarem longe.

Depois disso, os deuses começaram a temer que nunca conseguiriam amarrar o monstruoso lobo e se reuniram em conselho para chegar a uma solução.

Odin resolveu enviar Skirnir, o emissário de Frey, a Svartalfheim, o submundo de Nivadellir. Este era o mundo dos orcs, os elfos escuros que fabricavam artefatos mágicos. Buscou por uns anões para fazer outra corrente. Desta vez, não poderiam errar, teria de ser algo muito especial, com força de magia.

Os anões decidiram, então, por seis ingredientes: o ruído da pisada do gato, a barba de uma mulher, as raízes de uma pedra, os tendões do osso, a respiração de peixe e o cuspido de um pássaro.

> "E mesmo que não tenhas ouvido falar destas coisas, aqui podes comprovar de que estou dizendo a verdade e não minto; seguramente te destes conta de que essas coisas não existem, de que

a mulher nórdica não tem barba e que a pisada do gato não faz ruído nem as pedras têm raízes, e asseguro que sim, que é verdadeiro tudo que disse, mesmo que haja algumas coisas que não se pode provar."

A Alucinação de Gylfi
***Edda em Prosa*, de Snorri Sturluson**

Esta amarra era fina e tênue como uma fita de seda, mas segura e forte. Acreditavam que este laço prenderia o lobo para sempre.

Levaram Fenrir a uma ilha chamada Lyngvi, no mar Amsvártnir. Chegando ao local, eles lhe mostraram a amarra, Gleipnir, e lhe disseram que ele estava, mais uma vez, desafiado a provar sua força e romper esta corda também. Dessa vez, Fenrir ficou muito desconfiado e disse:

- Parece-me que esse laço é tão fino e suave que não vale a pena provar nada para rompê-lo. Isso me faz desconfiar que foi feito com magia para me enganar e não vou deixar que me amarrem.

Logicamente os deuses contemporizaram e disseram que realmente era uma corda diferente e forte, mas que não havia com que se preocupar, pois não era nada que ele não pudesse romper. E acrescentaram que se ele não conseguisse romper o laço, eles o soltariam. Mas o lobo disse:

- Se conseguirem me amarrar de modo que eu não possa me livrar, tenho certeza de que mudarão de ideia, não me soltarão e terei de esperar muito para voltarem e me ajudar. - E acrescentou: - Não gosto da ideia de me deixar amarrar a este laço, mas não quero que me chamem de covarde. Contudo exijo que um de vocês coloque sua mão direita em minha boca como garantia.

Os ases se entreolharam e nenhum se ofereceu a fazê-lo, mas o corajoso Tyr se prontificou. Então, laçaram Fenrir com Gleipnir e colocaram a mão do abnegado deus na sua boca. O lobo puxou a corda com força e não conseguiu se soltar. Quanto mais a puxava, mais preso ficava até que prendeu os dentes na mão de Tyr e a decepou, deixando o deus sem a mão. E é por isso que até hoje se firma compromissos com um aperto de mão.

Quando os deuses verificaram que o monstruoso animal estava bem preso, pegaram a outra extremidade de Gleipnir e a passaram por um buraco de uma pesada rocha chamada Giol, fixando-a bem fundo na terra.

O lobo uivava e se contorcia, abria bem as mandíbulas tentando morder a corda para se libertar, mas seus esforços eram em vão. Enquanto batalhava para se soltar, escorria tanta baba que formou um rio, ao qual se deu o nome de Ván.

CAPÍTULO 28

Ragnarok, o ocaso dos deuses

Um rigoroso e longo inverno assolou o universo e, com ele, vieram o frio, o gelo, os ventos, a fome e a discórdia entre os seres dos nove mundos de Yggdrasil. O fim parecia iminente, mas Odin se preparava para lutar. Construiu o Valhalla onde formou e abrigou seu exército de Einherjar, os guerreiros mortos heroicamente em batalhas.

De acordo com a profecia de Sibila:

"O Sol fica escuro,
A terra afunda no mar,
As estrelas somem da abóboda celeste,
O fogo e o vento se entrelaçam enraivecidos,
Até que as chamas alcancem o céu."

A Visão da Adivinha (Völuspa)
***Edda Poética*, de Snorri Sturluson**

Mas quando isso ocorreu, Heimdall, o deus da luz e das sombras, veio por Bifrost tocando Gjallarhorn e despertou os deuses que se reuniram para deliberar. Odin pegou sua lança Gungnir, seu cavalo Sleipnir e cavalgou imediatamente para a fonte de Mímir para ter seus conselhos.

"Heimdall chama tocando a trombeta,
A cabeça de Mímir chama Odin,
A grande árvore geme,*
O ogro se solta.**"
A Visão da Adivinha (Völuspa)
***Edda Poética*, de Snorri Sturluson**

Fenrir finalmente se libertou de Gleipnir arrancando a pedra onde estava amarrada, causando terremotos e irrompendo vulcões das profundezas. Sua boca se abriu, sua mandíbula superior tocou os céus, enquanto a inferior tocou a terra. Das suas narinas e dos seus olhos saía fogo.

O movimento da terra também liberou Loki de suas amarras, e a serpente Jormungand se contorceu nos mares causando maremotos. O céu escureceu e o caos se instalou.

Os gigantes do gelo chegaram por Bifrost; o arco-íris caiu com eles brandindo os escudos. Pelos mares, chegaram os filhos de Muspell (os gigantes do fogo) em um barco, Loki ao timão e Surt segurando ao alto a espada flamejante que um dia pertenceu a Frey.

---

* A grande árvore: Yggdrasil.

** O ogro: o lobo Fenrir.

Naglfar, o barco feito das unhas dos mortos, chegou com Hel, e os penhascos ruíram. Com eles, veio Garm* ladrando ferozmente. Hraesvelgr ou Hrälsveg, a águia que vivia no lugar mais alto do céu, abanou suas asas, e os ventos começaram. Temporais devastaram os nove mundos, alimentaram os maremotos e espalharam o fogo.

"Ao extremo do céu Hraesvelgr está,
O gigante em forma de águia;
De suas asas dizem que vêm os ventos,
Por cima de todos os homens."
Os dizeres de Vaftrudener
***Edda Maior*, de Snorri Sturluson**

Então, Odin retornou, montado em seu cavalo, vestindo seu elmo e malha de metal brilhante e com a lança Gungnir em punho. A batalha começou com Fenrir lhe atacando. O lobo tinha ódio mortal por Odin ter mentido e o prendido.

Thor estava ao seu lado, mas não pôde ajudá-lo, pois foi atacado imediatamente pela sua maior inimiga, a serpente Jormungand. Frey lutou com Surt. O cão Garm enfrentou Tyr, e Loki lutou com Heimdall.

O lobo devorou Odin. Thor finalmente matou a serpente do mundo, mas nove passos após, também caiu morto, envenenado pela peçonha que ela vomitou em cima dele. Loki e Heimdall mataram um ao outro, e Frey foi derrotado por Surt devido à falta de sua espada que perdeu para o gigante quando pediu sua filha em casamento.

* Garm: um enorme e terrível cão que habitava a caverna Gnipahéllir em Hel.

> "Surgirão entre irmãos lutas e mortes,
> Parentes próximos discórdias terão,
> Um tempo de horrores de muitos pecados,
> De machados e espadas os escudos partirão,
> De ventos e lobos o anúncio será."
> **A Visão da Adivinha,**
> ***Edda Poética*, de Snorri Sturluson**

Depois de matar Frey, Surt pegou sua espada flamejante, que um dia fora do deus, e pôs fogo no mundo inteiro, enquanto todos os seres lutavam. Fenrir devorou Lua e Sol. Porém Sol já tinha dado à luz Alfródul, outro sol.

Vidar, o vingador, o deus silencioso, filho de Odin, chegou para vingar seu pai. Ele tinha a aparência de um homem alto e bonito e usava uma armadura, sapatos pesados e uma espada larga. Somente Thor era considerado mais forte que ele.

Vidar pisou na mandíbula de baixo do lobo Fenrir com seu sapato mágico, feito com pontas das botas que colheu pacientemente dos guerreiros caídos em batalha e que foram enviados a Valhalla. Com uma mão segurou a mandíbula de cima e, com a mão livre, cravou sua espada, até o punho, na boca do monstro. Segurou com as próprias mãos as mandíbulas da fera e abriu a boca dela até parti-la. Ao matar o lobo, Vidar impediu que o cosmos fosse destruído.

"Acude ao excelso, o filho de Odin;*
Ao devorador de seu pai, Vidar enfrenta;
Na boca do lobo, até o punho crava sua espada;
No filho de Loki, a seu pai vingou."
***Edda Poética*, de Snorri Sturluson**

Yggdrasil foi queimada e, depois, um maremoto a varreu. Os Nove Reinos caíram, e o universo ficou inundado por muito tempo. Mais tarde, quando as águas baixaram, outro mundo, verde e fértil, surgiu entre as águas.

Na mais alta montanha, a floresta Hoddminir esteve apenas parcialmente submersa e nela esteve escondida, por todo este tempo, um casal de humanos. Tratava-se de Lif e Lifrasir, que se alimentavam apenas de orvalho. Eles repovoaram a terra.

Os filhos de Thor e Sif, Modi e Magni, retornaram com Mjolnir. Alfródul, a filha de Sol, também veio a esse novo mundo. Balder ressuscitou e viveu como o único deus.

Tudo começou de novo e outro ciclo iniciou-se.

"Uma filha terá o sol, uma só, Alfródul
Antes que o lobo a devore,
Pelos caminhos de sua mãe irá
Depois que os deuses morram."
A Visão da Adivinha,
***Edda poética*, de Snorri Sturluson**

* Excelso: Vidar.

APÊNDICE 1

Odin ou Wotan

Deus aesir, o Altíssimo, o deus dos deuses, o Allfather (pai de todos). Deus da guerra, sabedoria, magia, poesia, vitória, caça etc.

Pais: Borr e a giganta Bestla.

Irmãos: Vili e Vé. Juntos, formavam a Tríade Divina, que também pode ser considerada como outras facetas do próprio Odin.

Esposa: Frigga (mas tinha muitas amantes).

Filhos: muitos deuses, tais como Thor, Balder e Vidar, além das semideusas Valquírias (anjos pelo sincretismo religioso cristão).

Aparência: um homem vigoroso, com longos cabelos ruivos encaracolados e olhos verdes. Costumava andar envolto em um manto azul-escuro com capuz. Frequentemente andava disfarçado com longa barba e cabelos grisalhos.

Principais características: mago, mestre, sábio, inquieto, às vezes, furioso, uma natureza misteriosa e paradoxal. Falava somente em versos, usando belas e tocantes palavras. Só se alimentava de hidromel (ou vinho).

Animais companheiros: dois corvos - Muninn (memória) e Huginn (pensamento) -; dois lobos (Geri e Freki); e Sleipnir, um cavalo de oito patas.

Atributos: conhecimento, sabedoria, inspiração, poder da magia, metamorfose, uso e leitura das runas, deslocamento entre os mundos, capacidade de criar e soltar amarras, ritos funerários e viagens xamânicas.

Símbolos de poder: anel (Draupnir); cajado ou bastão; espada; lança mágica (Gungnir); escudo brilhante; elmo dourado; manto com capuz; três triângulos entrelaçados, também chamados de nó dos enforcados (Valknut); suástica; Fylfot; Trefot; cruz; dentre outros.

Morada: Asgard, no palácio Valaskjálf, na floresta Glasir, onde fica seu trono Hlidskjálf e o salão Valhalla com 545 portas, teto de escudos brilhantes e paredes de lanças douradas decoradas com armas e armaduras. Neste local, recebia os Einherjar (cavaleiros que morriam heroicamente em batalha).

Apelidos: Gangleri ou Gandalf, o andarilho; Grimnir, o encapuzado; Hár, o caolho; Svipal, o que mudava de forma; Fjölnir, o que se escondia; Sigfadhir, o pai das vitórias; Galdrfadhir, o pai das canções mágicas; Harbardr, o barbudo grisalho; Offlir, o estrangulador; Hangatyr, deus dos enforcados; Svafnir, o que adormecia os escolhidos; Valfahdir, pai dos caídos em batalha; Svithur, o sábio; entre outros.

Dia de celebração: quarta-feira, dia antes chamado na Europa de *odinstag* ou *wodenstag* (dia de Odin ou dia de Wotan) que, depois do cristianismo, foi mudado no alemão para *mittwoch* (meio da semana). No inglês, permaneceu a palavra *wednesday*, que vem de *wodnesdaeg* no inglês arcaico, que significa o dia do deus germânico Woden, mais conhecido como Odin, nos dias de hoje.

Animais totêmicos: corvo, lobo, águia, cavalo e serpente.

Cores: cinza, azul, índigo etc.

Odin personificava o arquétipo universal do eterno xamã que adquiriu a sabedoria de quatro maneiras:

- Pelo sacrifício de seu olho esquerdo (a razão), para obter um gole da fonte da sabedoria de Mímir, repositório do conhecimento e da memória ancestral, alcançados pela intuição e visão interior.
- Pelo sacrifício iniciático de se enforcar na raiz de Yggdrasil por nove dias e nove noites. O nove era um número sagrado para eles, múltiplo do sagrado número três. Lembrando que vários de seus símbolos têm três pontas, como o Valknut (um nó com três triângulos).
- Pelo ferimento autoinfligido com sua lança, que lhe permitiu visualizar as runas mágicas.
- Pela ingestão diária de Odhroerir (hidromel), o elixir de inspiração.

Ele também buscava outras fontes de informação: seus dois corvos – Huggin (pensamento) e Muninn (memória) – voavam pelos Nove Reinos de Yggdrasil (a Árvore da Vida) e sussurravam em seu ouvido tudo que viam e ouviam. Estes corvos simbolizavam a expansão da consciência e das suas habilidades além das fronteiras conhecidas.

Odin é o mais complexo e surpreendente dos deuses. Sempre em busca de sabedoria e conhecimento espiritual, colocava-se nas mais perigosas e hilárias aventuras. Era explosivo e, muitas vezes, furioso. Isso fazia dele um deus mais respeitado que amado. Os demais deuses e o povo de Midgard confiavam na sua promessa de vida após a morte.

Os guerreiros se sentiam invencíveis porque acreditavam que quem morresse heroicamente em batalha seria recolhido por suas Valquírias e levados a Valhalla (o paraíso dos escolhidos), onde reviveriam para lutar eternamente, ressuscitando todas as manhãs. Lá, Odin ofereceria o hidromel (uma bebida sagrada), e eles comeriam a carne dos javalis que eram abatidos todos os dias e que reviveriam no dia seguinte para serem abatidos novamente. Porém os reis vencidos o acusavam de ser traiçoeiro e embusteiro.

Após a cristianização, Odin foi equiparado ao Diabo, mas a Igreja adotou muito da sua simbologia e poder, conferindo-os a Deus, pois temiam a poderosa crença que o povo tinha nele.

APÊNDICE 2

Thor ou Donner

Deus aesir. Deus do trovão e dos relâmpagos, regente de Midgard, protetor dos humanos, padroeiro dos trabalhadores braçais, a personificação da força.

Pais: Odin e Erda (a terra, *Erd* em alemão).

Meio-irmão de Balder, Vidar, Hoder etc.

Esposa: Sif.

Filhos: Trudh (força), Modi (coragem) e Magni (poder).

Aparência: um homem alto, forte, corpulento e musculoso, com barba e cabelos ruivos da cor do fogo e penetrantes olhos azuis. Usava túnica e botas de couro de urso e uma capa vermelha. Empunhava um martelo mágico, o Mjolnir (ou Mióllnir), usava um cinturão de força e de poder que chamava de Megingjard e luvas de ferro chamadas Járngreipr, que faziam com que seu martelo nunca errasse um alvo, sempre retornasse à sua mão. Voava em uma carruagem puxada por seus dois bodes de cujos cascos saíam fagulhas de fogo.

Principais características: protetor de Midgard e Asgard, o mais forte dos deuses e o mais guloso também. Sua famosa voracidade era de acordo com sua vitalidade e força física. Seus modos eram nada refinados, direto e franco, sem rodeios e sutileza. Era ingênuo, quase infantil. Esmagava, com seu martelo, os crânios dos gigantes que ameaçavam os mundos e os habitantes. Quando brandia Mjolnir, saíam da arma raios e trovões.

Animais companheiros: dois enormes bodes que puxavam sua carruagem. Quando tinha fome, alimentava-se deles, guardava os ossos e, no dia seguinte, ressuscitava-os, pousando o martelo por cima dos ossos.

Atributos: força, coragem, sinceridade, franqueza, simpatia, alegria, gula, ingenuidade e uma quase infantilidade.

Símbolos: martelo, pulseira e anel para juramentos de compromissos, pilar, carvalho, suástica.

Morada: Asgard, no reino de Thrudheim, onde construiu um enorme palácio chamado Bilskirnir (relâmpago) com 540 salões, onde recebia os escravos mortos e eram tão bem tratados quanto o exército de Odin.

Dia de celebração: quinta-feira (*donnerstag*, no alemão; *thursday*, no inglês).

Animais totêmicos: bode e touro.

Cor: vermelho.

"Santa é a terra que vejo estender-se,
Em Asgard e próxima dos elfos,
Lá em Thrudheim Thor morará,
Até o dia em que caiam os deuses."

Os Ditos de Grímnir (Grímnismál)

***Edda em Versos* ou *Edda Maior*, de Snorri Sturluson**

APÊNDICE 3

Balder ou Baldur

Deus aesir da luz. O deus menino prometido, esperado, que ressuscitou após o fim dos tempos. O brilhante, o belo e amado deus.

Pais: Odin e Frigga.

Irmãos: Thor, Vali, Hoder, Vidar.

Esposa: Nana.

Filho: Forseti.

Aparência: louro de olhos azuis, jovem, com uma aura dourada irradiando o seu redor.

Principais características: bondoso, gentil, compassivo, justo, alegre, que exalava inocência e esperança.

Morada: Asgard, em Breidablik, um palácio puro, claro e luminoso, com teto dourado e pilares prateados.

Dia de celebração: celebrado no solstício de inverno do hemisfério Norte, na noite de 24 de dezembro*. A partir desta data, os dias começam a ficar mais longos e as noites mais curtas, ou seja, é a volta da luz, a vitória do Sol sobre a escuridão. É o nascimento do deus da luz, em outras culturas, o nascimento do deus Sol.

Animais totêmicos: galo, águia e cavalo.

Cores: dourado e branco.

Características: cresceu com espantosa rapidez e foi recebido ainda muito jovem no concílio dos deuses, onde passou conhecimento em runas e em cura de plantas.

* Esta data estava inclusa no Yule, um festival pré-cristão no norte da Europa. Quando os cristianizadores chegaram a esta região, encontraram esta festa muito bonita e enraizada na cultura do povo. Como não conseguiram acabar com a comemoração, usaram a data para festejar o nascimento de Jesus pela semelhança com Balder. Conta-se que, para festejar o nascimento de Balder, Idun teria escolhido a única árvore que permanecia verde na neve para simbolizar vida: o pinheiro. Enfeitou-a com suas maçãs vermelhas e a iluminou com estrelas. Percebem a semelhança com nosso pinheiro de Natal?

APÊNDICE 4

Loki

O trapaceiro. Amigo de Odin, de Thor e de outros deuses. Figura complexa, misteriosa e controvertida.

Pais: Fárbauti e Laufey.

Esposa: Sigyn.

Filhos: Sleipnir, o cavalo de oito patas de Odin; três filhos monstros com a gigante Angrboda (Hela, Jormungand e Fenrir); Nari e Narfi, com sua esposa Sigyn.

Aparência: um homem bonito, alto e esguio, com cabelos ruivos e olhos verdes.

Principais características: charmoso, sedutor, inteligente, malandro, mentiroso, traiçoeiro, trapaceiro e com personalidade contestável.

Atributos: metamorfose, senso de estratégia, poder sobre o fogo, e conquista de confiança dos deuses.

Símbolos: fogueiras, plantas venenosas e espinhos.

Morada: Asgard, a convite de Odin.

Dia de celebração: é associado a primeiro de abril, dia da mentira e a São João por causa das fogueiras.

Animais totêmicos: lobo, serpente, mosca e salmão.

Glossário

Personagens

Deuses

AEGIR – deus do oceano profundo, marido da gigante Ran, pai das nove donzelas das ondas.

AESIR, AESIRES OU ARIANOS – deuses relacionados à guerra, disputas, artes etc, supostamente vindos da Ásia, principalmente da Turquia, à guerra.

ALFRÓDUL – filha de Sol.

ASK – primeiro homem criado pela Tríade Divina (Odin, Vili e Vé).

BALDER OU BALDUR – o menino prometido a trazer bondade, alegria e esperança, o deus belo e luminoso, filho de Odin e Frigga, meio-irmão de Thor e irmão de Vidar, Hermod etc.

BORR – pai de Odin.

BRAGI – deus da poesia e da música, marido de Idun.

BURI – pai de Borr, avô de Odin.

DAG – dia, filho do gigante Norvi.

EMBLA – primeira mulher criada pela Tríade Divina (Odin, Vili e Vé).

ERDA – a grande mãe, a mãe terra, deusa de Midgard; gerou Thor, Vidar e as Valquírias, com Odin, e os gêmeos Frey e Freya, com Njord.

FREY – "o senhor", deus de Alfheim, filho de Njord e Erda, irmão gêmeo de Freya.

FREYA – "a senhora", padroeira e protetora da família, regente do amor, da guerra e da fertilidade; filha de Njord e Erda, irmã gêmea de Frey.

FRIGGA – "a amada", símbolo da autoridade das mulheres, padroeira dos casamentos, esposa de Odin, mãe de Balder (o deus bondoso e iluminado), madrasta de Thor.

FULLA – deusa da plenitude, acompanhante e irmã de Frigga.

GERSEMI – uma das duas filhas de Freya e Odr.

GJALP – "a que uiva", uma das nove donzelas das ondas, filha de Aegir e Ran.

GREIP – "a que abocanha", uma das nove donzelas das ondas, filha de Aegir e Ran.

HEIMDALL – o deus branco, guardião de Bifrost, filho das nove donzelas das Ondas e Odin.

HERMOD – "o rápido", filho de Odin e Frigga, mensageiro dos deuses, levava os mortos para o submundo (Helheim).

HNOSS – uma das duas filhas de Freya e Odr.

HOENIR – o deus silencioso e cego.

IDUN OU IDUNNA - deusa da primavera, da juventude eterna e guardiã das maçãs mágicas da juventude; casada com Bragi.

KVASIR - deus do hidromel (Odhroeir) que se formou da fermentação da saliva de todos os deuses, o elixir da inspiração.

LOGI - o invencível deus arcaico que devora tudo.

MANI - Lua; filho do gigante Mundilfari, substantivo masculino na mitologia nórdica.

MÍMIR - deus da sabedoria, guardião da fonte de Urd ou Wird.

NANA - esposa de Balder.

NJORD - deus dos mares, dos navios e das riquezas; pai de Frey e Freya.

NORNAS - três mulheres deusas do destino.

NOTT - Noite; filha do gigante Norvi.

ODIN OU WOTAN - o deus criador do universo, o pai de todos, pai de diversos deuses, como: Thor, Balder, as Valquírias, Vidar e marido de Frigga.

ODR - marido de Freya.

SIBILA - a vidente que narra a criação do universo.

SIF - esposa de Thor.

SIGYN - deusa aesir, segunda esposa de Loki; no seu papel de companheira abnegada e fiel, representa a compaixão e a resignação perante o destino. Seu nome significa "vitoriosa".

SKULD - uma jovem que representa o futuro, uma das Nornas, deusas do destino.

SOL - o astro rei, filha do gigante Mundilfari; substantivo feminino na mitologia nórdica.

THOR – deus do relâmpago e do trovão (os humanos acreditavam que quando havia relâmpagos e trovões, Thor estaria brandindo seu martelo Mjolnir, guerreando com os gigantes), guardião dos humanos, filho de Odin com Erda (*Erd*, terra em alemão).

TYR – deus arcaico e muito forte.

URD – uma anciã que representa o passado, uma das Nornas, deusas do destino.

VALQUÍRIAS – nove virgens, filhas de Odin e Erda, que recolhiam os mortos em batalhas e os levavam a Valhalla; são associadas a anjos.

VANIR – ou vanires; deuses ancestrais regentes da natureza.

VÉ – irmão de Odin, parte da Tríade Divina que criou o universo.

VERDANDI – uma jovem senhora que representa o presente, uma das Nornas, deusas do destino.

VIDAR – filho de Odin e Frigga, deus muito forte relacionado à vingança.

VILI – irmão de Odin, parte da Tríade Divina que criou o universo.

Gigantes

ANGRBODA – mãe de Hela, Fenrir e Jormungand.

BERGELMIR – filho de Thrudgelmir, progenitor dos gigantes sobreviventes e moradores de Jotunheim.

BESTLA – mãe de Odin.

BOLTHORN – pai de Bestla.

BÝLEIST – irmão de Loki.

GEIRROD – pai das gigantes Gjalp e Greip.

GRID – ajudou Thor na viagem ao castelo de Geirrod.

GUNNLOD – guardiã do hidromel, filha de Suttung.

GYMIR – pai de Bertha e primo de Surt.

HELA – regente de Helheim, filha de Loki e da gigante Angrboda, irmã da serpente Jormungand e do lobo Fenrir.

HELBLINDI – irmão de Loki.

HRIM – raça antecessora dos gigantes do gelo, descendentes de Ymir.

HRUNGNIR – lutou com Thor. Tinha a cabeça de pedra, coração de rocha, lutava com um escudo de granito e uma pedra de amolar.

HRYM – gigante jotun, capitão da barca Naglfar que partiu de Jotunheim transportando legiões de gigantes do gelo para a batalha final em Vigrid.

HYMIR – pai do deus arcaico Tyr.

HYRROKIN – giganta jotun, feiticeira que Frigga mandou chamar para mover a pira funerária de Balder.

JOTUNS – os gigantes do gelo.

LOKI – gigante jotun que viveu em Asgard com os deuses. Amigo de Odin e Thor; casado com Sigyn; filho de Fárbauti e Laufey; pai de Sleipnir, Fenrir, Hela e Jormungand; irmão de Helblindi e Byleipter; relacionado à malandragem em geral, mas inteligente e de grande senso de estratégia.

MÓDGUD – guarda da ponte Gjoll.

MOKKURKALFI – monstro de barro feito pelos gigantes para a luta de Hrungnir e Thor.

MUNDILFARI – pai de Sol e Lua.

NORVI – pai de Nott e Dag.

RAN – esposa de Aegir e mãe das nove donzelas das ondas.

RIMETHURS – raça antecessora dos gigantes do gelo; descendentes de Ymir.

SKADI – filha de Thiazi, esposa de Njord; associada à caça.

SKRYMIR – o grandalhão.

SURT – soberano dos gigantes do fogo, pai de Gerda e primo de Gymir.

SUTTUNG – pai de Gunnlod, que era guardiã do hidromel.

TOK – Loki em forma de bruxa, o único ser que não chorou a morte de Balder.

THIAZI – pai de Skadi.

THRUDGELMIR – gigante de seis cabeças, pai de Bergelmir.

THRYM – roubou Mjolnir, o martelo mágico de Thor.

THURS – raça antecessora dos gigantes do gelo; descendentes de Ymir.

UTGARD-LOKI – gigante do castelo de Utgard.

YMIR – gigante hermafrodita.

Heróis e seus inimigos

HIORDIS – esposa de Sigmund e mãe de Sigurd ou Siegfried (herói conhecido como "o matador do dragão").

SIGGEIR – marido de Signy e inimigo dos Volsungos.

SIGMUND – herói descendente de Odin, filho de Volsung, irmão de Signy e pai de Sinfiotli e Sigurd.

SIGNY – filha de Volsung, irmã de Sigurd e mãe de Sinfiotli.

SIGURD – também conhecido como Siegfried, filho de Sigmund, neto de Volsungo e bisneto de Odin; conhecido como "o matador do dragão".

SINFIOTLI – filho de Sigmund e Signy.

VOLSUNG – filho de Odin e de uma humana, pai de Sigmund e Signy, avô de Sigurd.

Personagens comuns

AGNAR – um menino humano, filho do rei Hrauding e irmão de Geirrod.

ELLI – ama idosa de Utgard-Loki.

FULLA – acompanhante de Frigga.

GEIRROD – um menino humano, filho de rei Hrauding, irmão de Agnar.

HRAUDING – rei, pai de Geirrod e Agnar.

LIF – a mulher do casal que sobreviveu ao Ragnarok.

LIFRASIR – o homem do casal que sobreviveu ao Ragnarok.

LONGOBARDOS – nome dado por Odin à tribo Winnilers quando os chamou de "longas barbas".

SKIRNIR – assistente de Frey.

THIALFI – criado de Thor.

VÂNDALOS – uma tribo nórdica que lutou contra os Longobardos.

WINNILERS – tribo que Odin batizou de Longobardos.

Animais

ALSVID – "o veloz", um dos dois cavalos colocados para puxar a carruagem conduzida por Sol.

ARVAK – "o madrugador", um dos dois cavalos colocados para puxar a carruagem conduzida por Sol.

AUDHUMLA – o ser primordial, uma vaca colossal.

BYGUL – um dos dois gatos que puxavam a carruagem de Freya.

CRINA BRILHANTE – cavalo que puxava a carruagem conduzida por Dag.

FENRIR – enorme, forte e feroz lobo, filho de Loki e Angrboda.

FREKI – um dos dois lobos de Odin.

GARM – um enorme e assustador cão que guardava a gruta de Gripahellir, uma das grutas de Hel.

GERI – um dos dois lobos de Odin.

GREYFELL – cavalo de Sigurd ou Siegfried.

GULLFAXI – cavalo de Hrungnir que Thor deu ao seu filho Magni.

GULLINBURSTI – javali com pelos de ouro, montaria de Frey que podia andar pelos ares e por cima da água.

GULLTOP – cavalo de crina de ouro usado pelo deus Heimdall.

HRAESVELGR – águia que vivia no topo de Yggdrasil e tinha o falcão Vederfolner no meio de seus olhos.

HRIMFAXI – crina de gelo, cavalo colocado para puxar a carruagem conduzida por Nótt.

JORMUNGAND – gigantesca serpente ("a serpente do mundo"), filha de Loki e Angrboda; vive no oceano circundando Midgard e segura a cauda com a boca.

MUNNIN – pensamento, um dos dois corvos de Odin.

NIDHOGG – dragão que rói a raiz da Yggdrasil.

RATATOSK – esquilo que corre no tronco da Yggdrasil.

SKINFAXI – "o ligeiro"; cavalo colocado para puxar a carruagem conduzida por Mani.

SLEIPNIR – cavalo de oito patas de Odin; gerado por Loki quando havia tomado a forma de égua e cruzou com Svadhilfari.

SVADHILFARI – cavalo do construtor do muro de Asgard, pai de Sleipnir.

TREGUL – um dos dois gatos que puxam a carruagem de Freya.

VEDERFOLNER – falcão que vivia no meio dos olhos da águia Hraesvelgr, que vivia galho mais alto da Yggdrasil.

Anões

ANDVARI – possuidor de grande tesouro roubado por Loki para pagar o resgate de Odin e Hoenir quando matou Otter (a lontra).

AUSTRI – Leste; um dos quatro anões colocados para sustentar a abóboda celeste (céu) e marcar os pontos cardeais.

BRISINGS – anões ourives que fizeram o colar mágico Brisingamen de Freya.

FAFNIR – filho de Hreidmar, irmão da lontra Otter e Regin, metamorfoseado no dragão que Sigurd matou.

FJALAR – um dos dois anões assassinos de Kvasir.

GALAR – um dos dois anões assassinos de Kvasir.

HREIDMAR – pai da lontra Otter, Fafnir e Regin.

NORDHRI – Norte; um dos quatro anões colocados para sustentar a abóboda celeste (céu) e marcar os pontos cardeais.

OTTER – metamorfoseado em lontra, foi morto por Loki, filho de Hreidmar, irmão de Fafnir e Regin.

REGIN – padrinho de Sigurd, irmão de Otter e Fafnir, filho de Hreidmar.

SUDHRI – Sul; um dos quatro anões colocados para sustentar a abóboda celeste (céu) e marcar os pontos cardeais.

VESTRI – Oeste; um dos quatro anões colocados para sustentar a abóboda celeste (céu) e marcar os pontos cardeais.

Armas, artefatos e símbolos

BRISINGAMEN – colar mágico de Freya.

DRAUPNIR – anel de Odin feito pelos anões (o anel periodicamente se desdobrava em mais nove anéis iguais ao original e Odin poderia doá-los a quem quisesse). Sabe-se que doou um deles a Frey.

DROMI – segunda corrente feita para prender Fenrir.

FYLFOT – suástica, símbolo de Odin.

GJALLARHORN – corneta feita de chifre que Heimdall tocava para avisar aos deuses sobre os invasores e a chegada do Ragnarok.

GLEIPNIR – corda mágica que prendia Fenrir.

GRAM – a espada que Odin deixou para Sigmund encravada no freixo e depois reforjada por Sigurd; também citada como Noatun.

GUNGNIR – a lança de Odin que não errava o alvo feita pelos anões.

HRINGHORNI – barco de Balder.

LÓDING – primeira corrente feita para prender Fenrir.

MEGINGJARD – cinturão de Thor, forjado pelos anões, que fazia com que Mjolnir voltasse para ele.

MJOLNIR – martelo mágico de Thor, forjado pelos anões, não erra o alvo e retorna sempre às mãos dele.

NAGLFAR – barco feito das unhas dos mortos; no fim dos tempos, liberada por uma inundação e navegada por Hymir levando um exército jotun até Vigrid.

SLIDRUGTANNI – carro de Frey.

TREFOT – símbolo de Odin.

VALKNUT – símbolo de Odin; três triângulos entrelaçados; o nó dos enforcados.

Lugares

AMSVARTNIR - mar onde ficava a ilha de Lyngvi, na qual Fenrir ficou preso.

BIFROST - uma ponte arco-íris que ligava Asgard a Midgard.

BILSKIRNIR - castelo de Thor, na região de Thrudheim em Asgard.

BREIDABLIK - castelo de Balder.

ÉLIVÁGAR - doze rios que caíam no abismo Ginnungagap.

FENSALIR - palácio de Frigga.

FOLKSVANG - castelo de Freya.

FÓLKVANGR - planície em Asgard.

FRANANG - riacho onde Loki se escondeu na forma de salmão.

GINNUNGAGAP - abismo de gelo.

GJALLARBRU - ponte do eco.

GJOLL - ponte na entrada de Helheim, próxima à entrada de Hel.

GLASIR - floresta com folhas de ouro vermelho, onde ficava o castelo de Odin.

GNITAHEID - morada do dragão Fafnir.

GRIOTUN - morada do gigante Hrungnir.

GRIPAHELLIR - uma gruta de Hel.

HELGRIND OU VALGRIND - portal de entrada para Helheim ou Hel.

HIMINBJORG - morada do deus Heimdal.

HLIDSKJÁLF - trono mágico de Odin, de onde se podia vigiar todos os nove mundos.

HVERGELMIR - fonte entre Nifelheim e Muspelheim.

LONGOBARDIA – campos onde se assentaram os Longobardos.

LYNGVI – ilha onde Fenrir foi preso.

NOATUN – morada de Njord, o deus dos mares, dos ventos, dos navios e da riqueza.

POÇO DE MÍMIR, OU DE URD, OU FONTE DA SABEDORIA – fonte situada na base da Yggdrasil.

SESSRUMRIR – antessala de Valhalla, a sala dos convidados e da hospitalidade, onde Freya levava metade dos mortos em batalha.

TERRA DOS VOLSUNGOS – reino de Volsung, filho de uma humana e de Odin.

UTGARD – castelo do gigante Utgard-Loki.

VALASKJÁLF – castelo de Odin.

VALHALLA – salão para o qual Odin levava os guerreiros que morriam heroicamente.

VIDGRID OU IDI – planície, pátio em frente à Valhalla.

VIMIR – rio em frente ao castelo de Geirrod.

YGGDRASIL – um enorme freixo, a Árvore da Vida, a árvore do mundo, o universo da mitologia nórdica.

Os Nove Reinos

ALFHEIM – o reino dos elfos claros e luminosos.

ASGARD – o reino dos céus; morada dos deuses aesir, ases ou Arianos.

HELHEIM ou HEL – o reino dos mortos.

JOTUNHEIM – o reino dos gigantes do gelo.

MIDGARD – morada da humanidade.

MUSPELHEIM – o reino dos gigantes do fogo.

NIFELHEIM – o reino das névoas perpétuas.

NIVADELLIR – o reino dos anões.

SVARTALFHEIM – submundo de Nivadellir; o mundo dos orcs, os anões escuros.

VANAHEIM – o reino dos deuses vanir ou vanires.

Referências

BARTOLOTTI, Alessandra. *Mitología celta y nórdica*. Ed. Swing, 2011.

CAMPBELL, Joseph. *O poder do mito*. Ed. Palas Attena, 1991.

FAUR, Mirella. *Ragnarok*: o crepúsculo dos deuses. Ed. Cultrix, 2011.

______. *Mistério nórdicos*: Deuses. Runas. Magias. Rituais. Ed. Pensamento, 2008.

FRANCHINI, A. S.; SEGANFREDO, Carmen. *As melhores histórias da mitologia nórdica*. Ed. Artes e Ofícios, 2007.

GAIMAN, Neil. *Mitologia nórdica*. Ed. Intrínseca, 2017.

GUERBER, H. A. *Myths of the norsemen*: from the Eddas and sagas. Ed. Dover, 1992.

HEUSLER, Andreas. *Die lieder der lucke im codex regius der Edda*. Ed. Kessinger Publishing, 1902.

KVIDELAND, Reimund; SEHMSDORF, Henning K. *Scandinavian folk belief and legend*. Ed. University of Minesota Press, 1988.

LANGER, Johnni. *Dicionário de mitologia nórdica*: símbolos, mitos e ritos. 2015.

MABIE, Hamilton Wright. *Norse mythology*: great stories from the Eddas. Ed. Dover, 2002.

PENNICK, Nigel. *The inner mysteries of the goths*. Ed. Capall Bann, 1995.

THOMAS, Bulfinch. *O livro de ouro da mitologia*: histórias de deuses e heróis. Ed. Ediouro, 2006.

STURLUSON, Snorri. *Edda Mayor*. Ed. Alianza Literaria, 2007.

fontes
glosa text
lato

@talentoslitbr
nas redes sociais

gruponovoseculo
.com.br